JEUX DE MYSTÈRE
POUR ADULTES

Labyrinthe Adulte

ActivityCrusades

Copyright © 2017 by ActivityCrusades
Tous les droits sont réservés.

Tous les droits sont réservés. Aucune partie de ce livre ne peut être reproduite ou utilisée de quelque manière que ce soit, ni par aucun moyen, électronique ou mécanique, ce qui signifie que vous ne pouvez pas enregistrer ou photocopier des idées ou des conseils matériels fournis dans ce livre.

Publié par Speedy Publishing Canada Limited

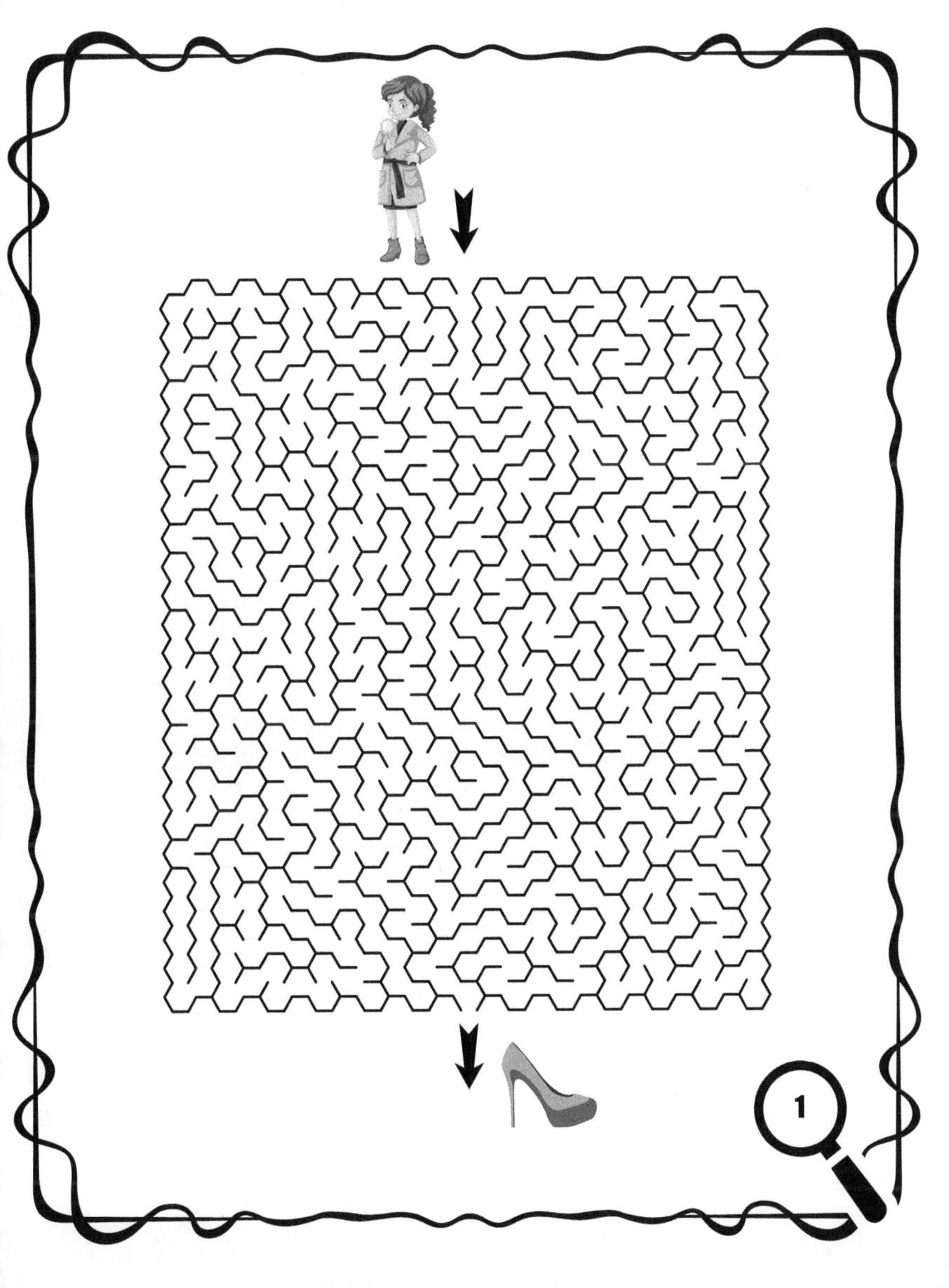

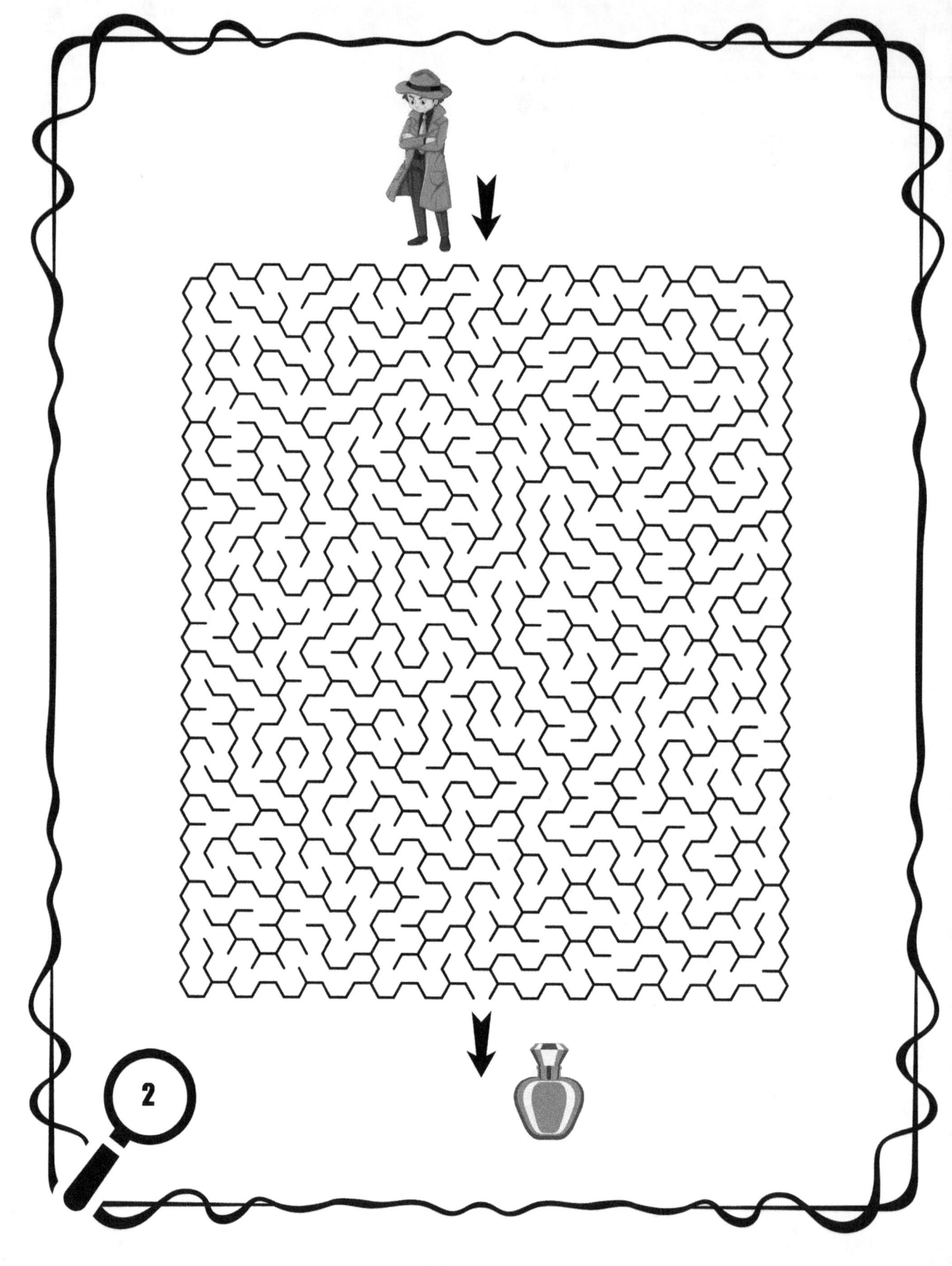

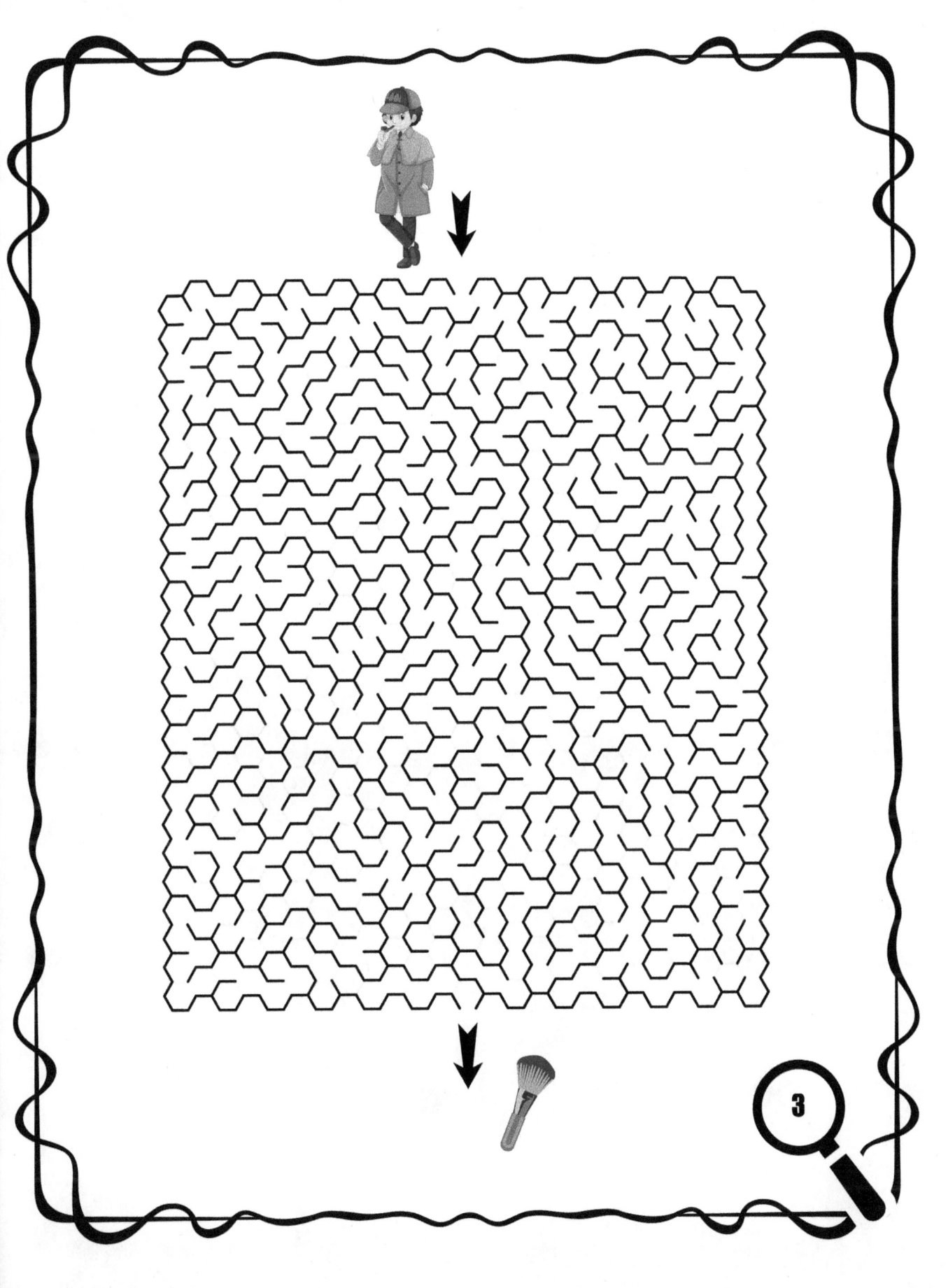

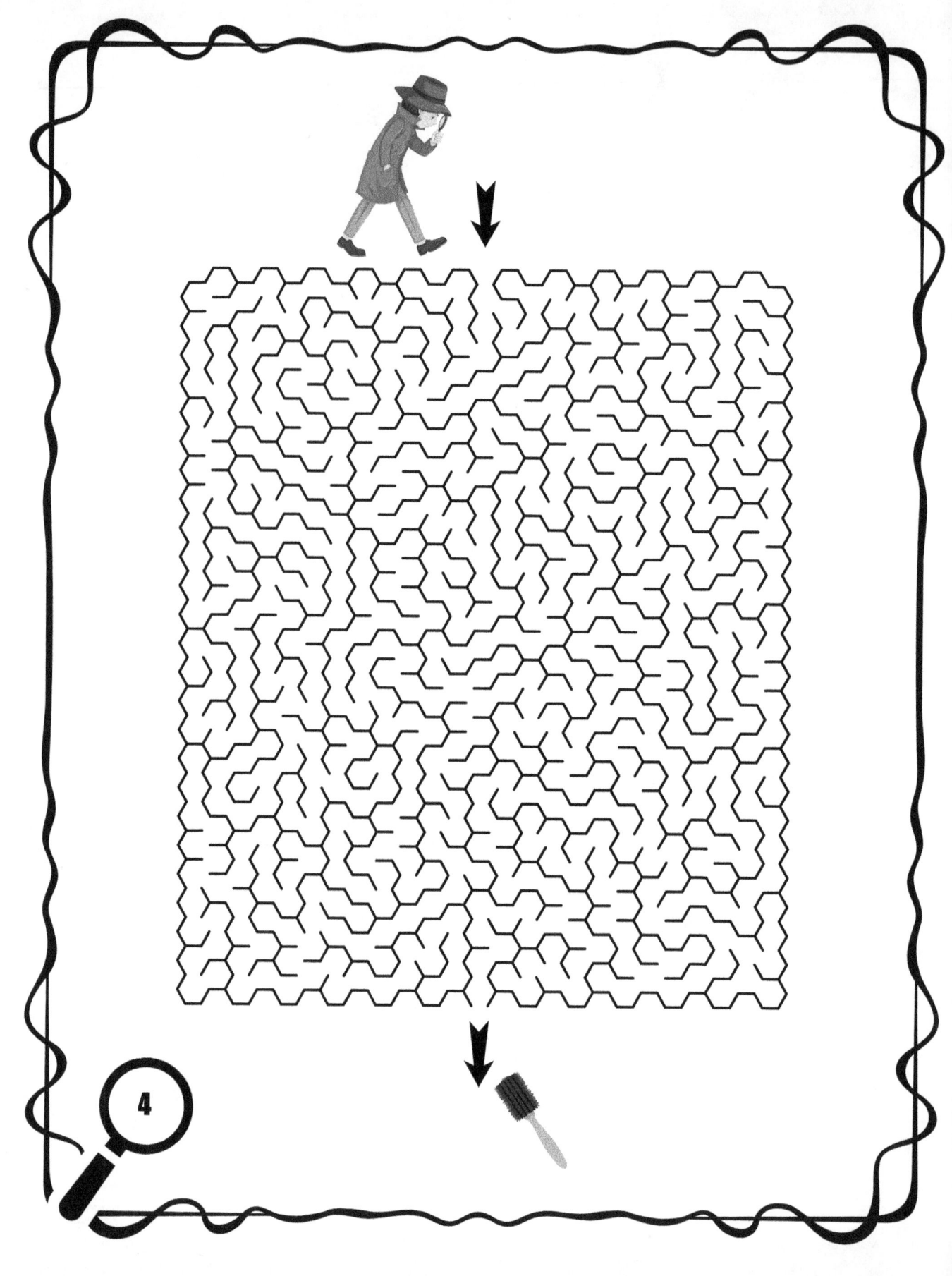

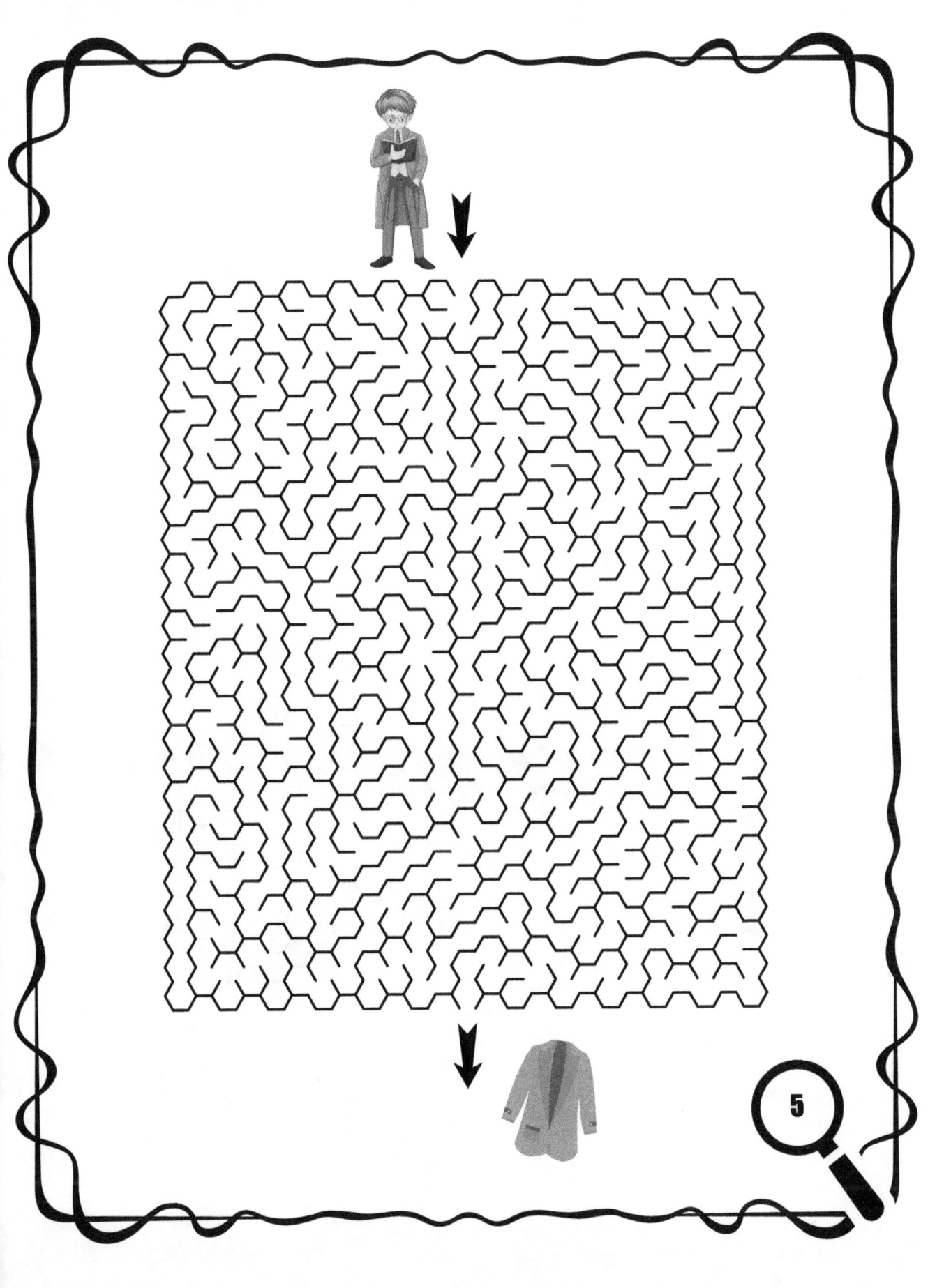

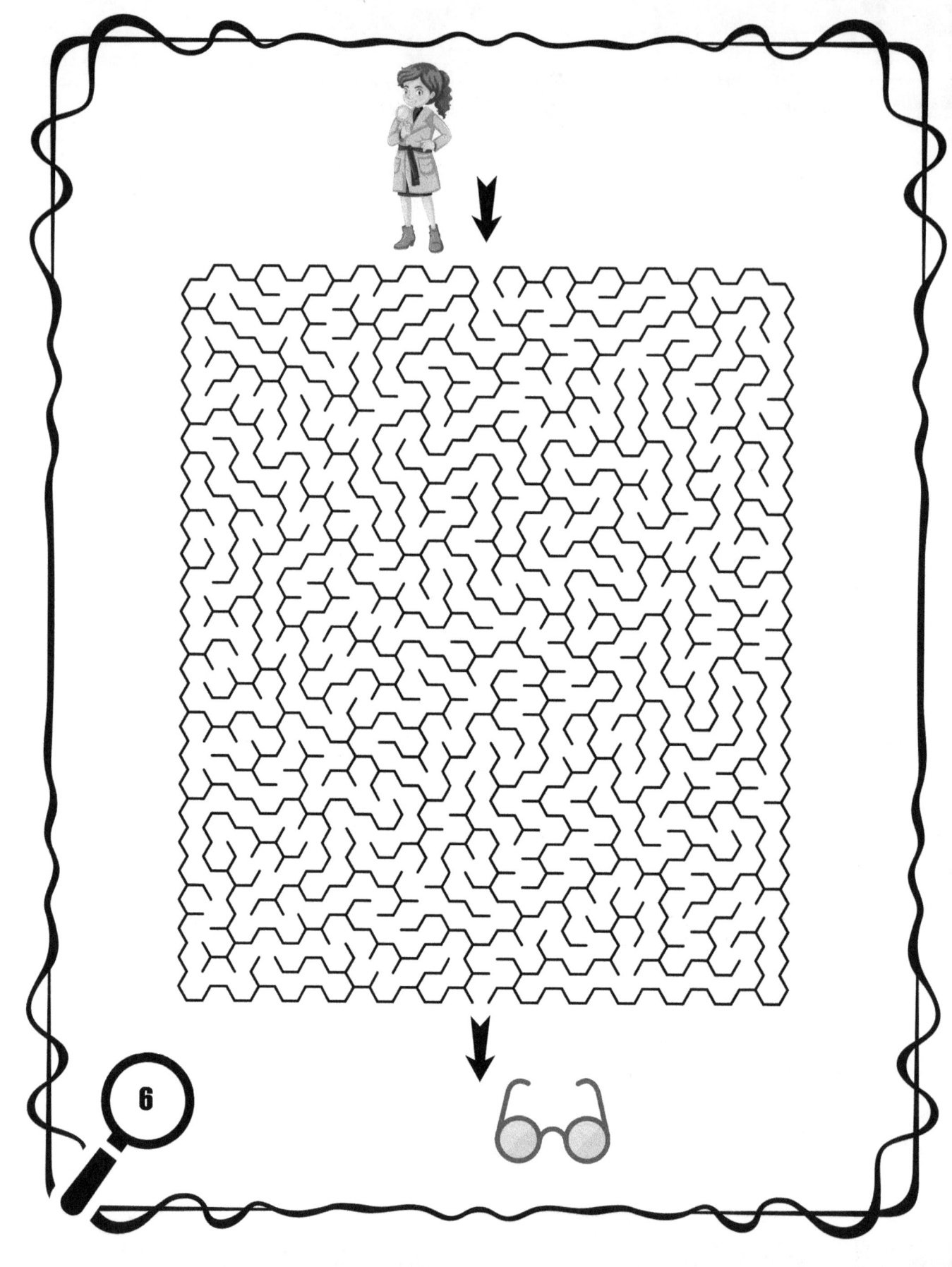

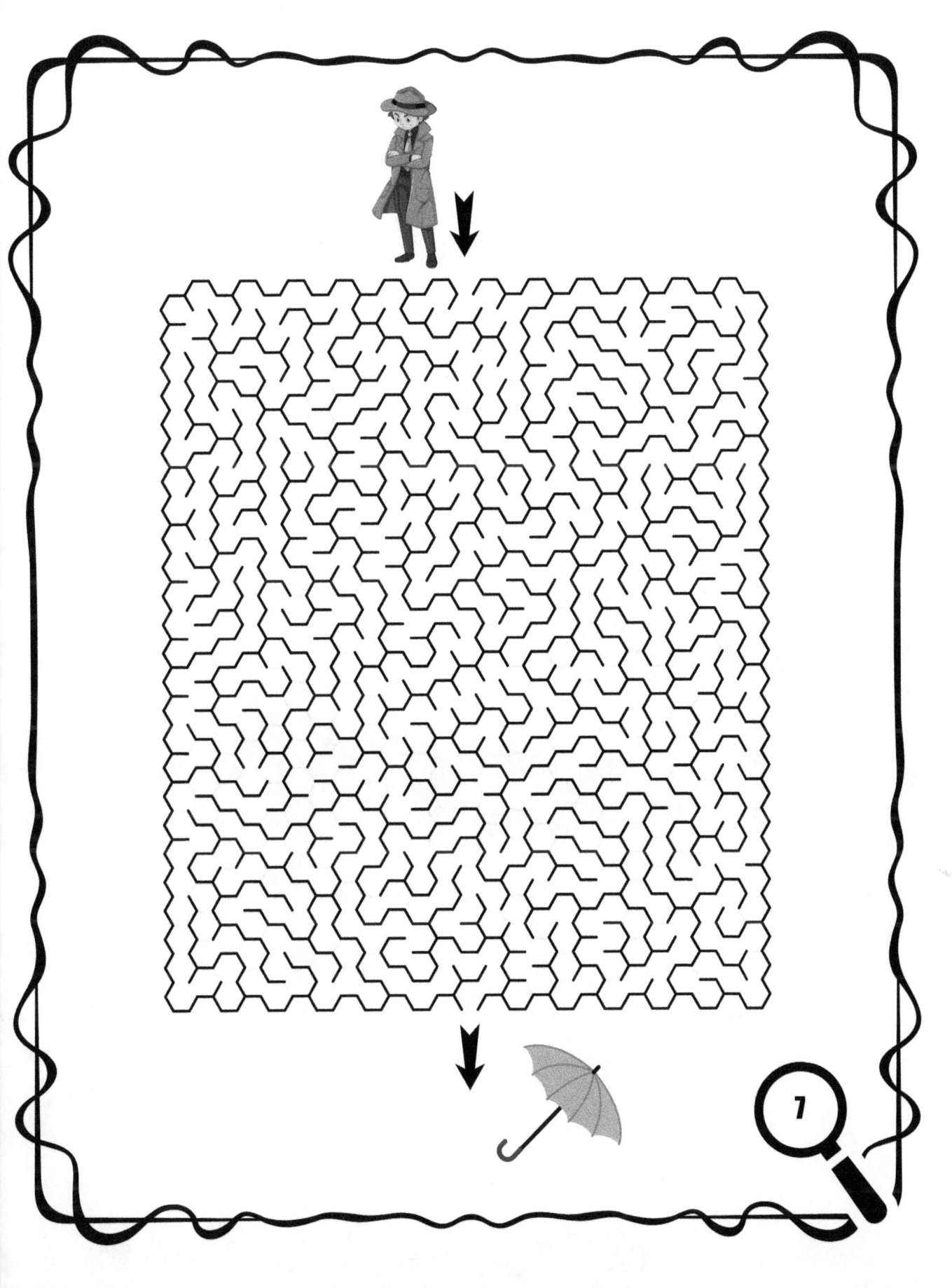

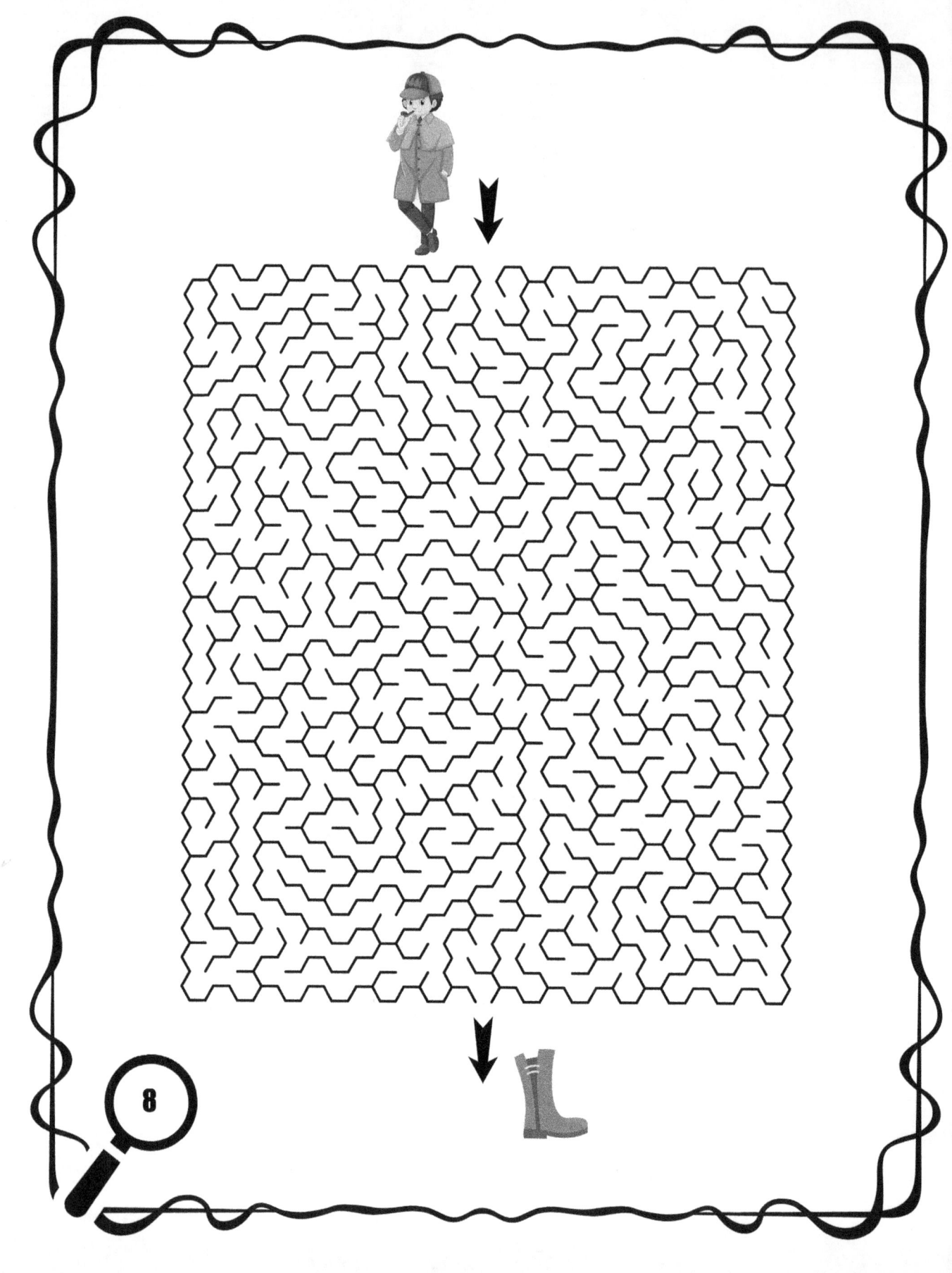

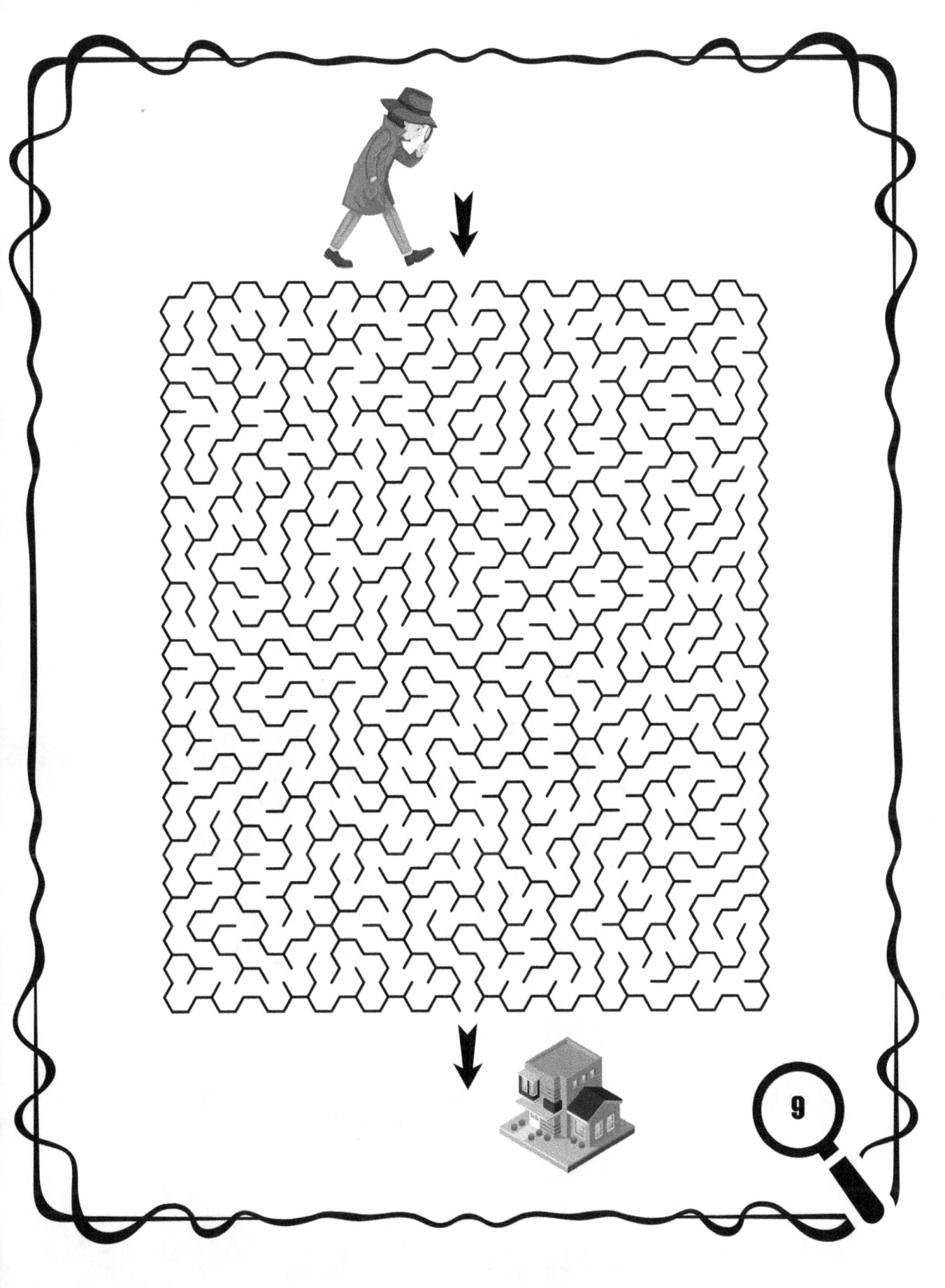

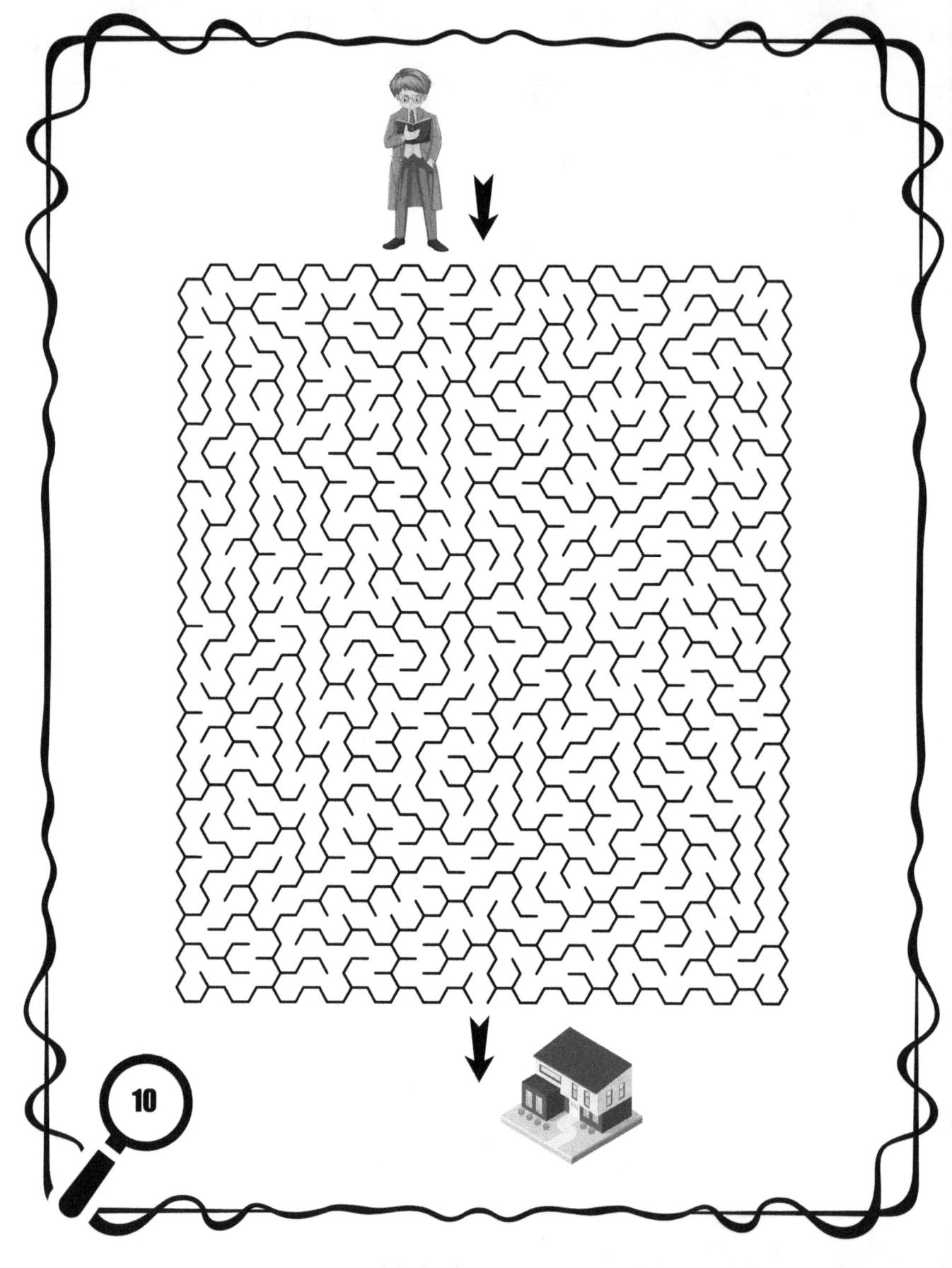

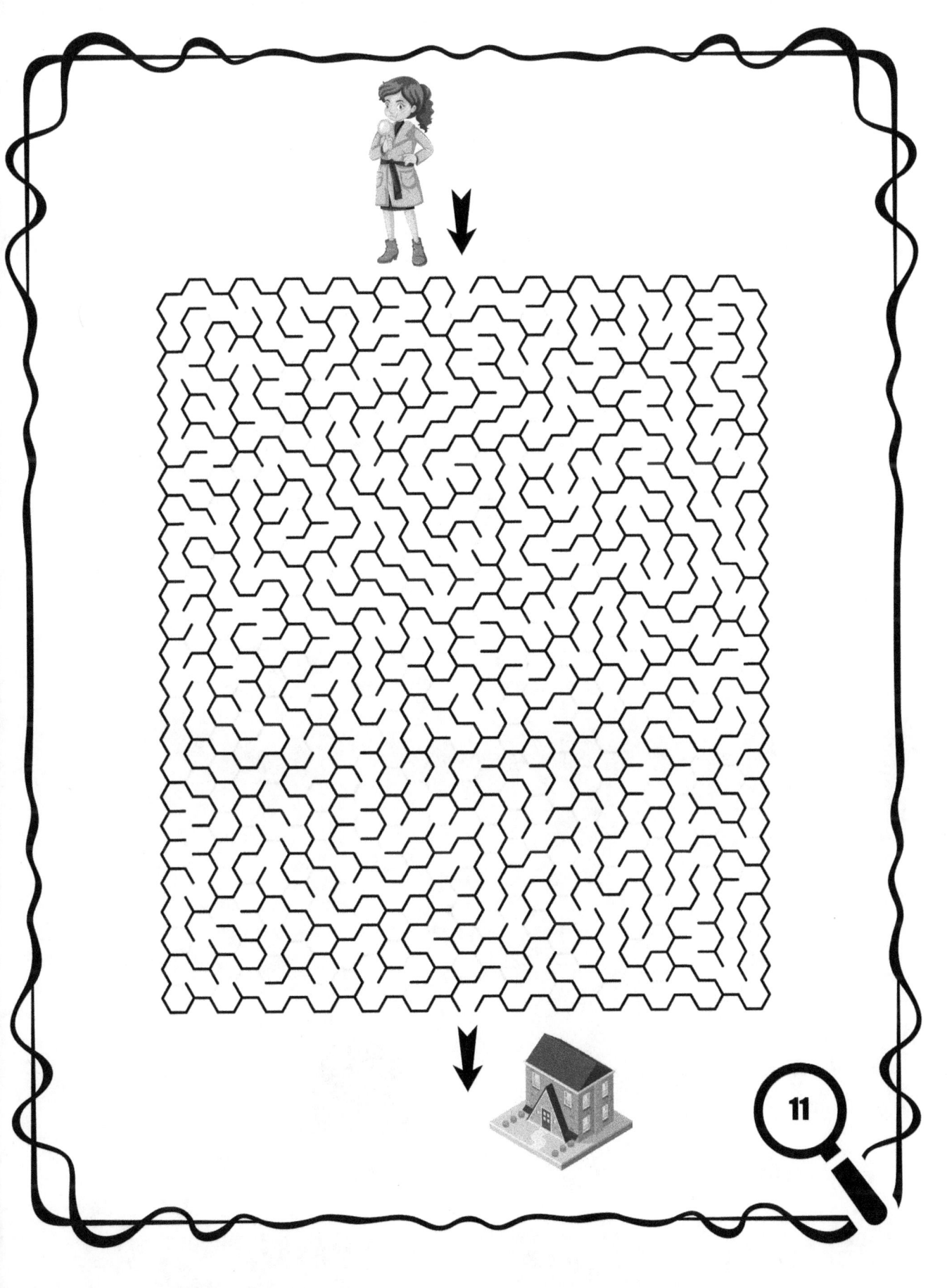

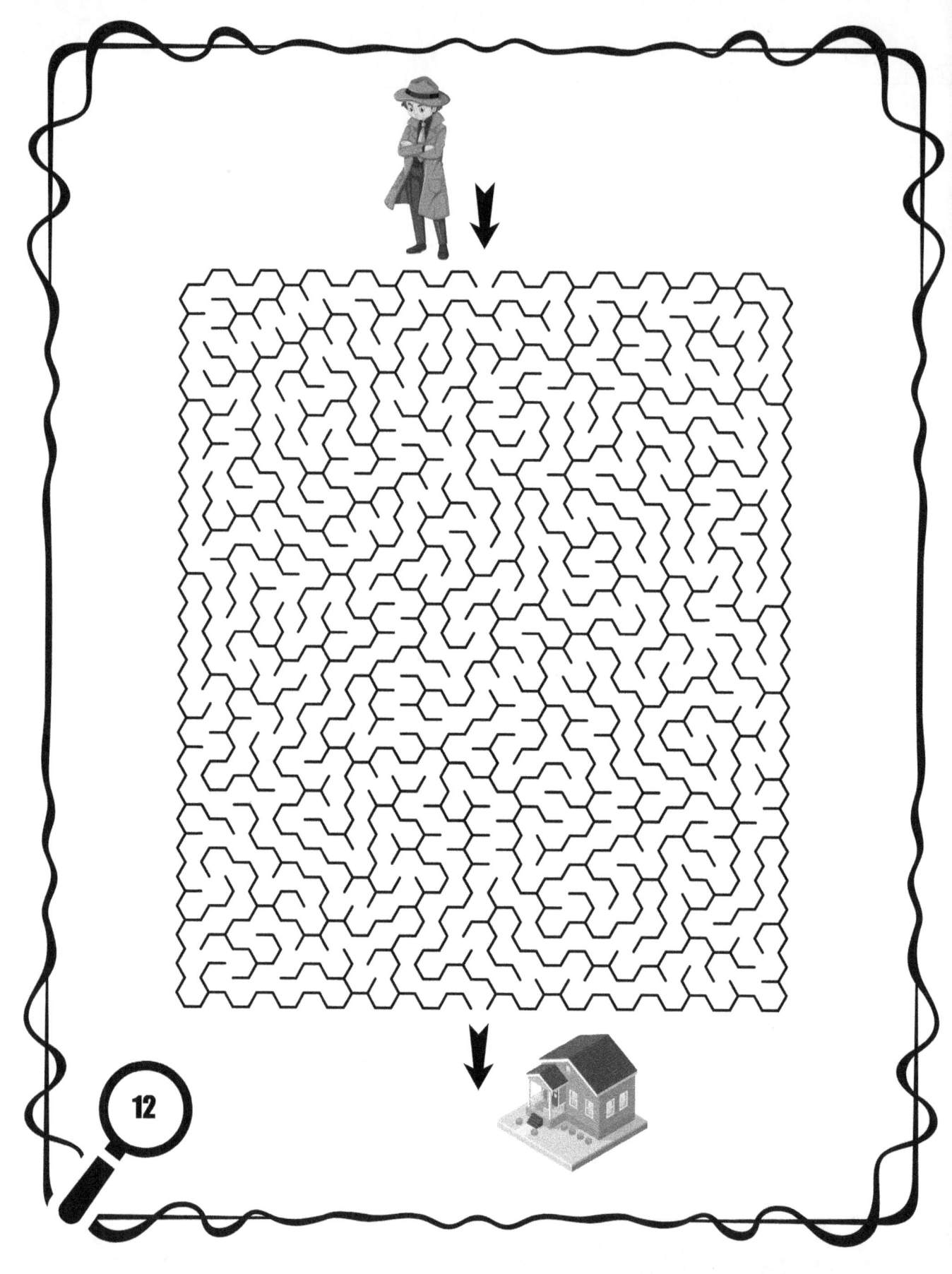

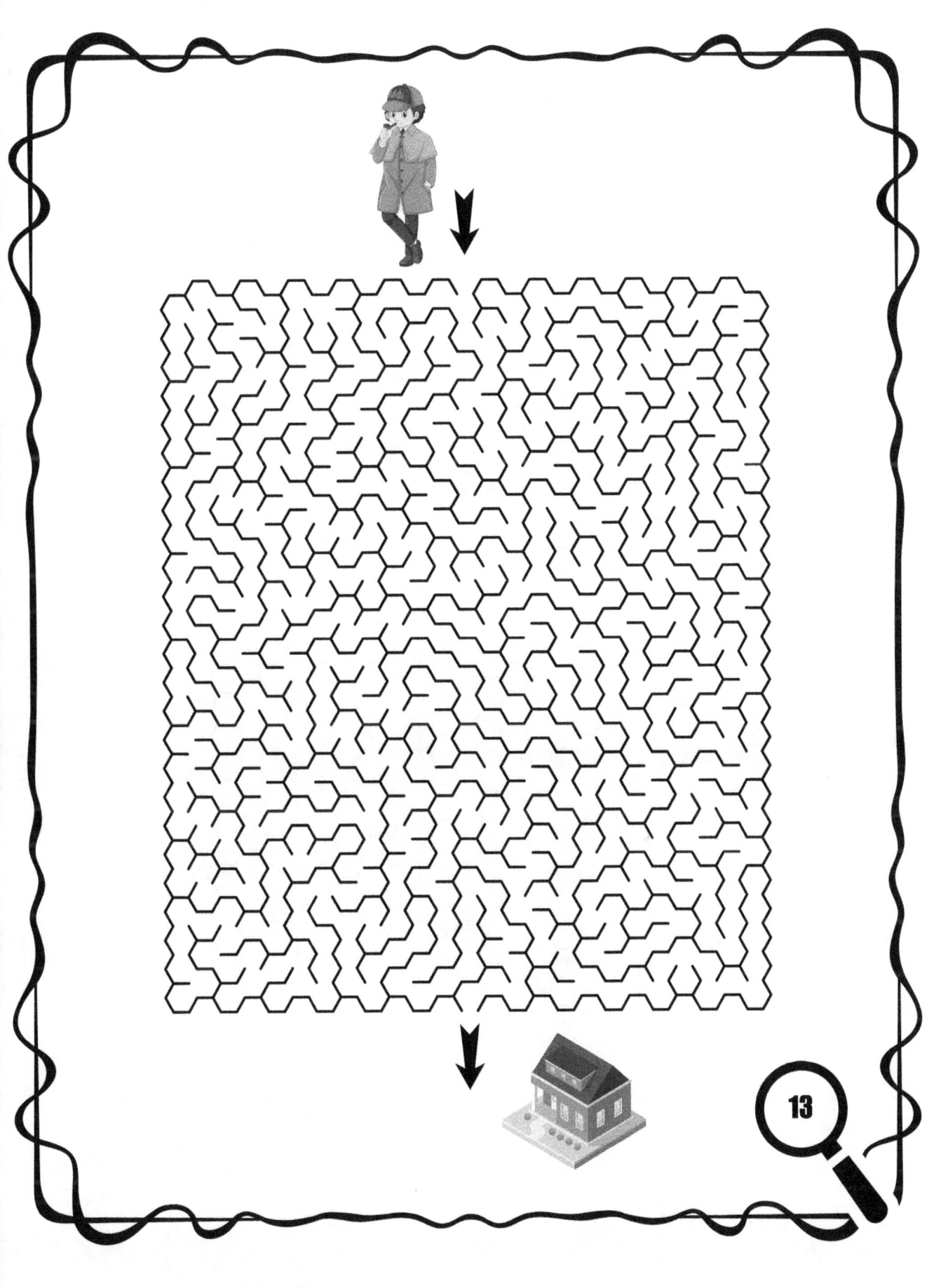

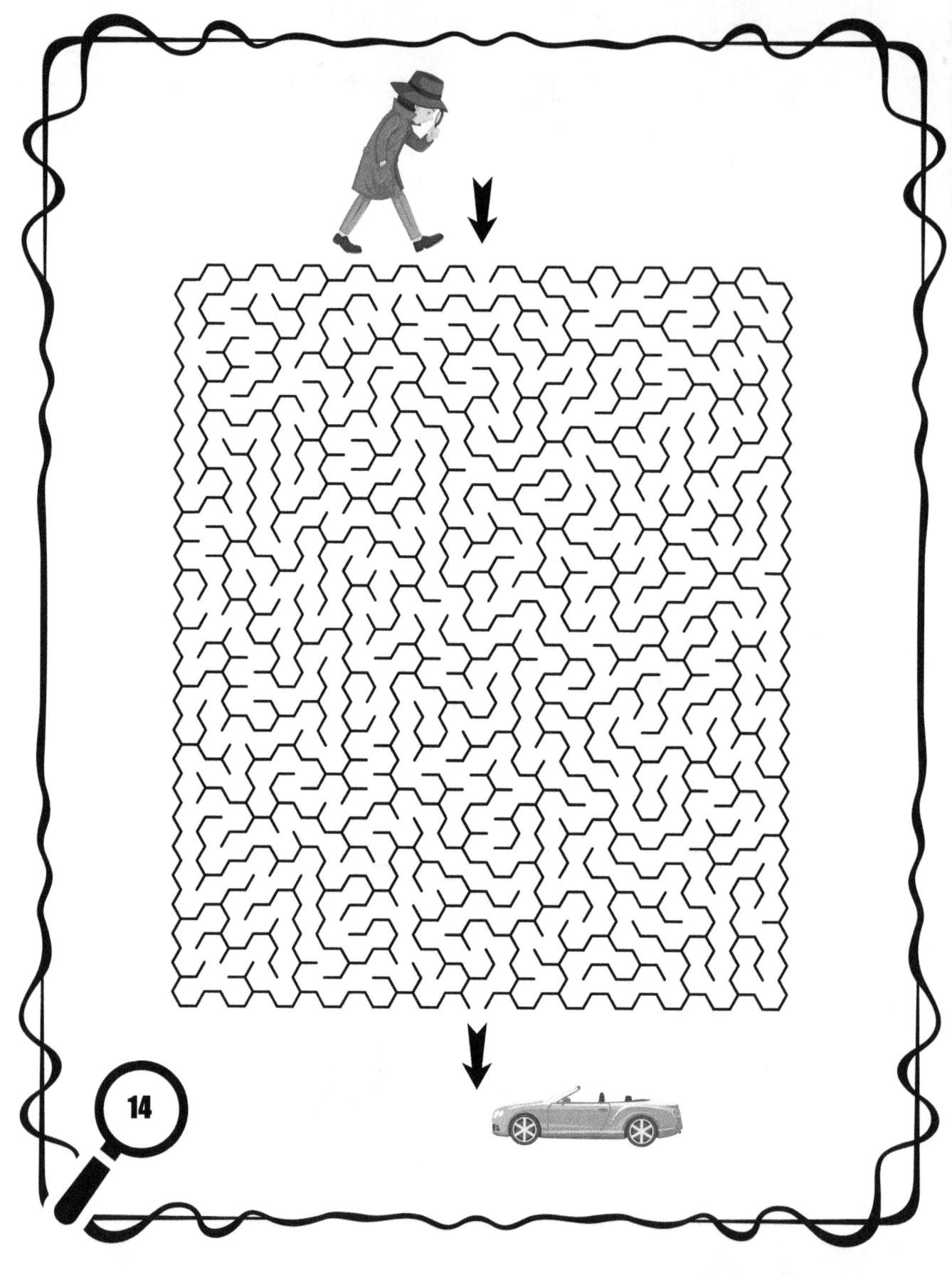

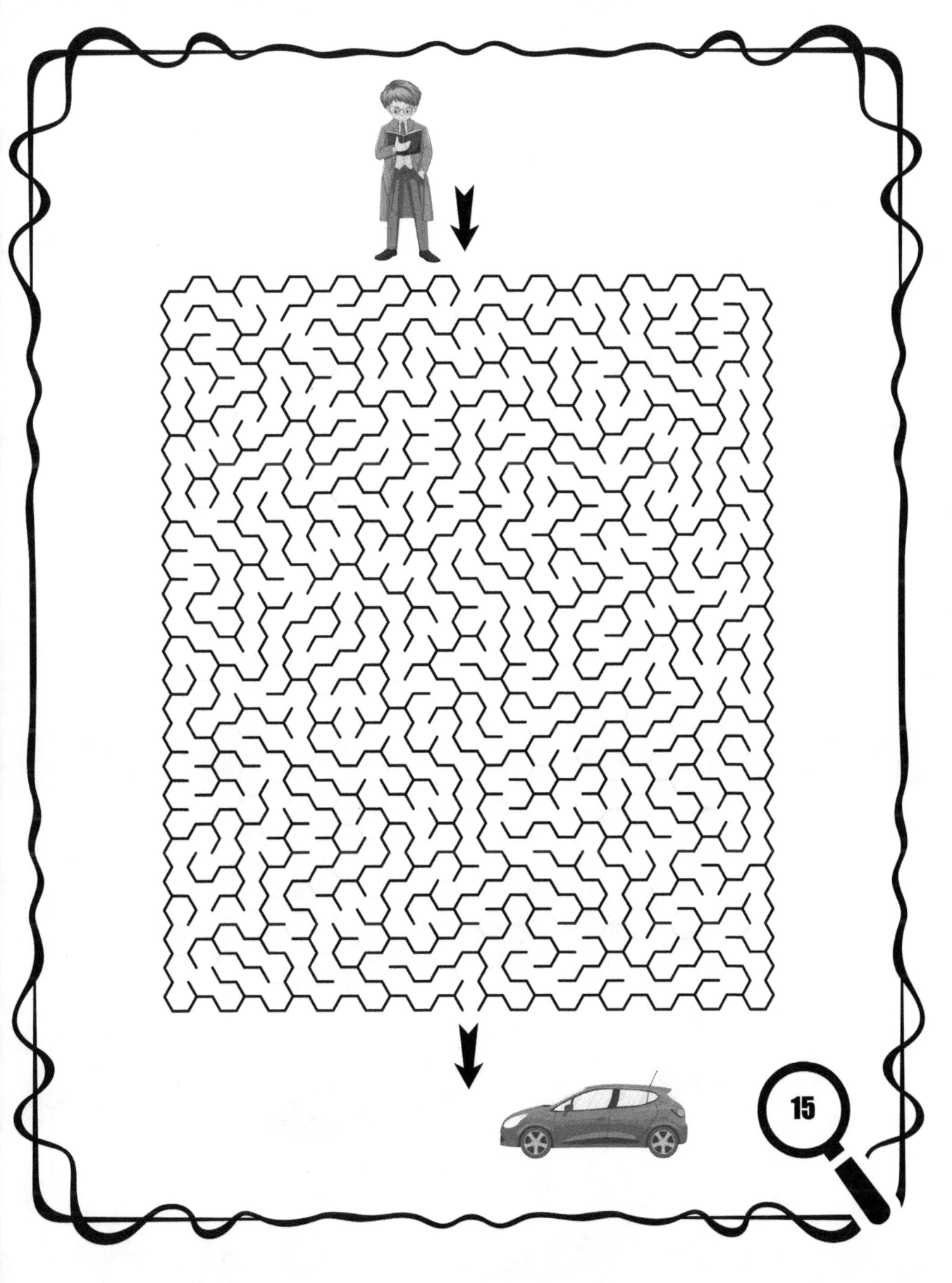

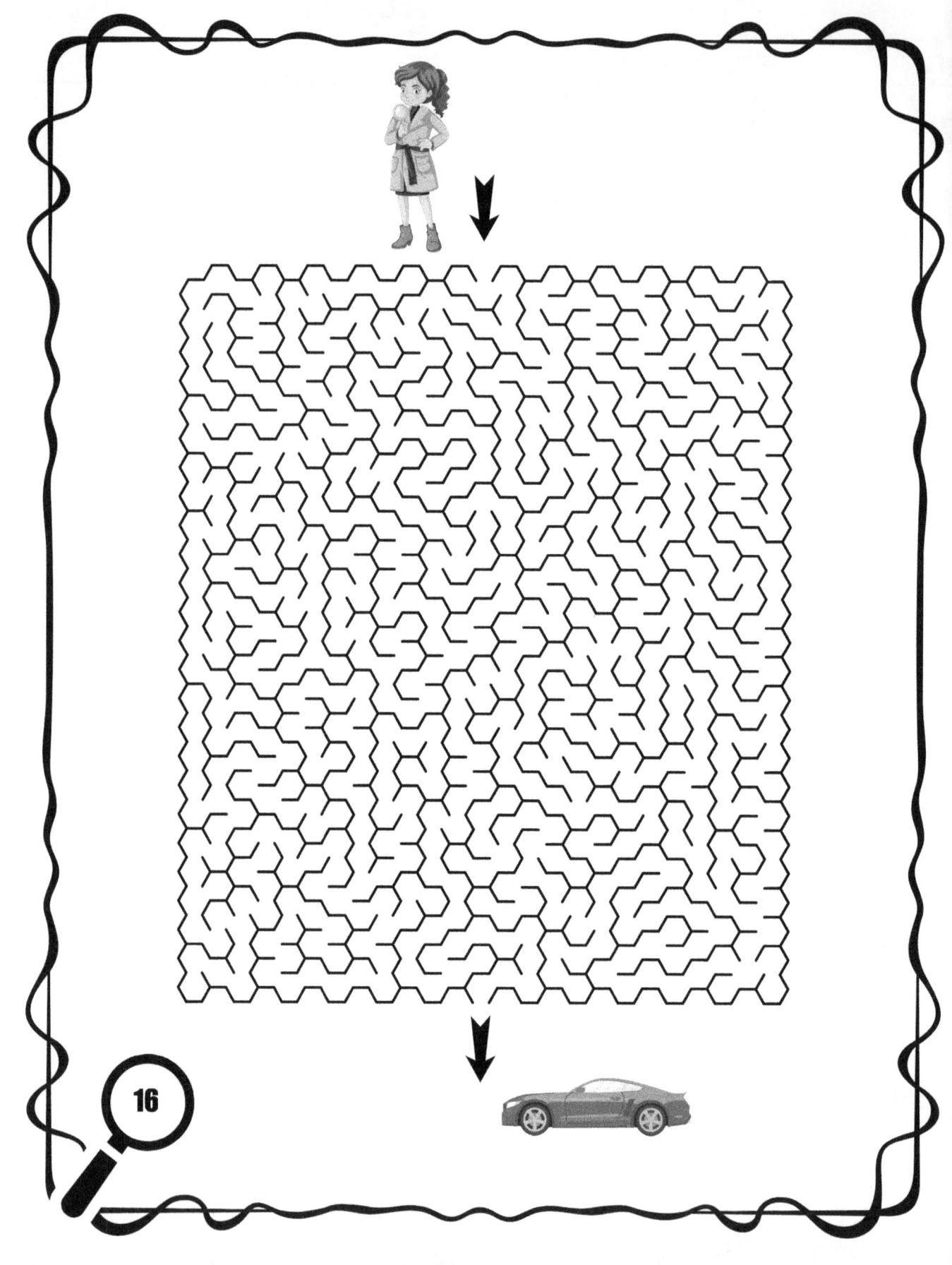

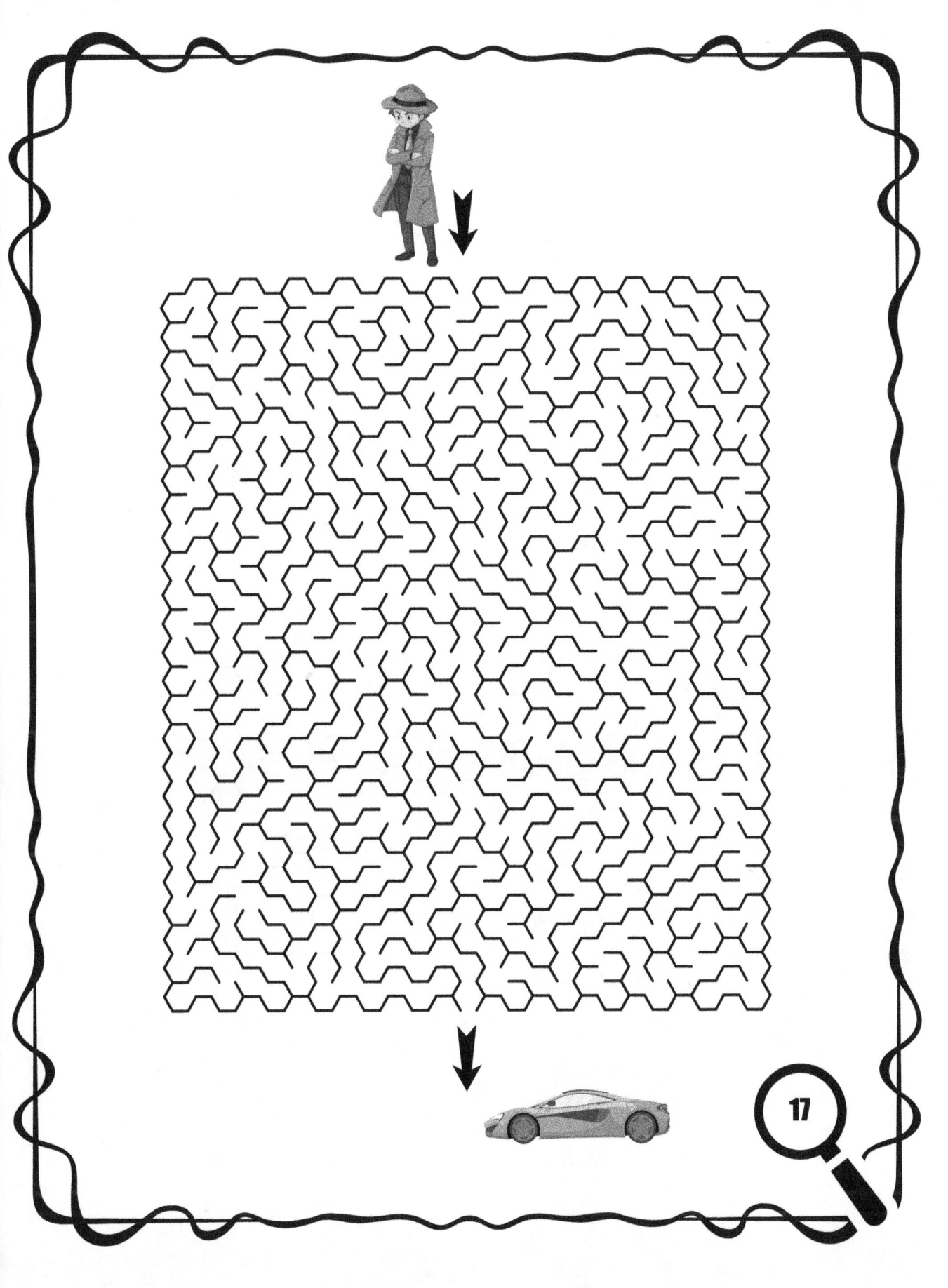

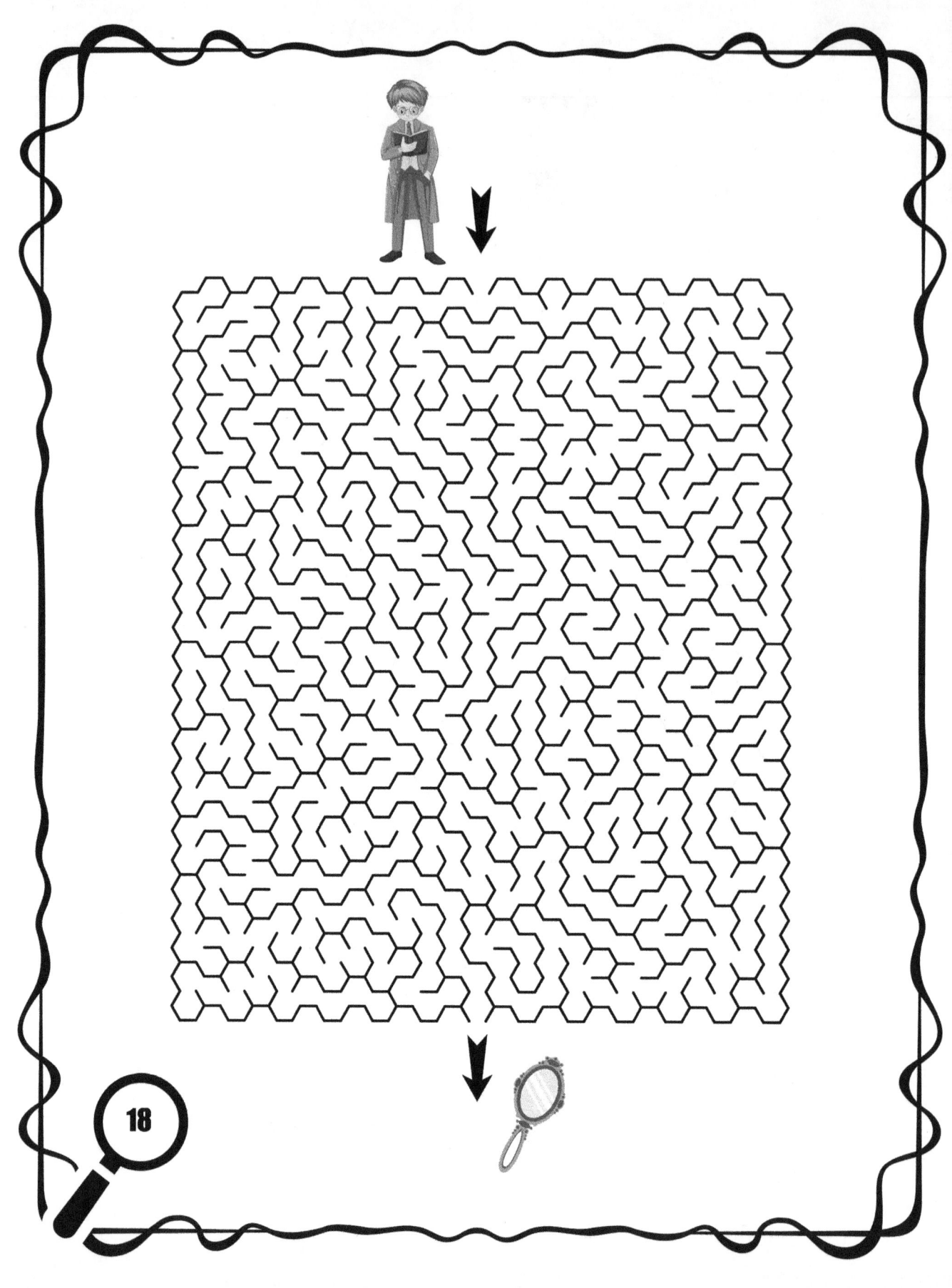

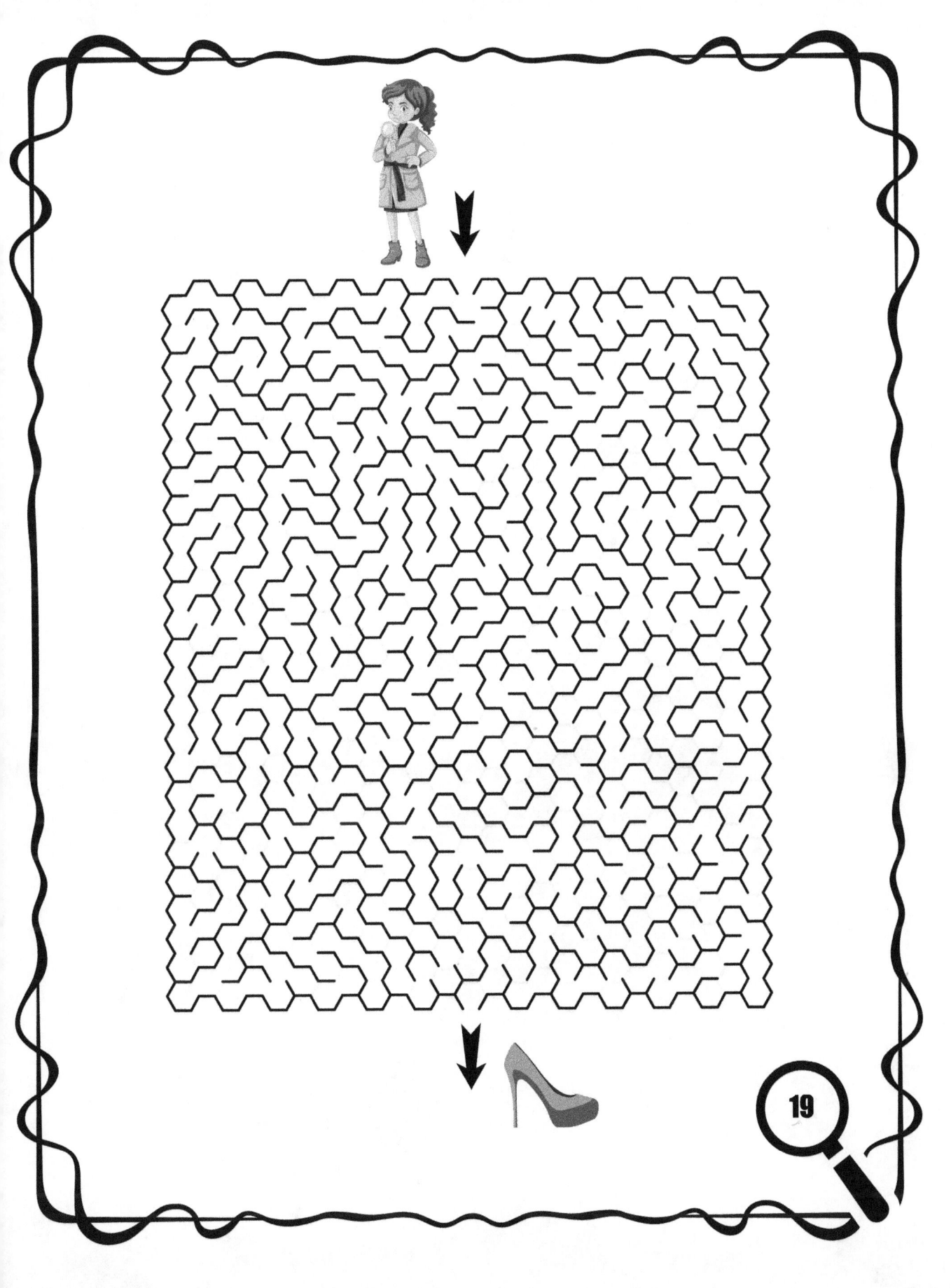

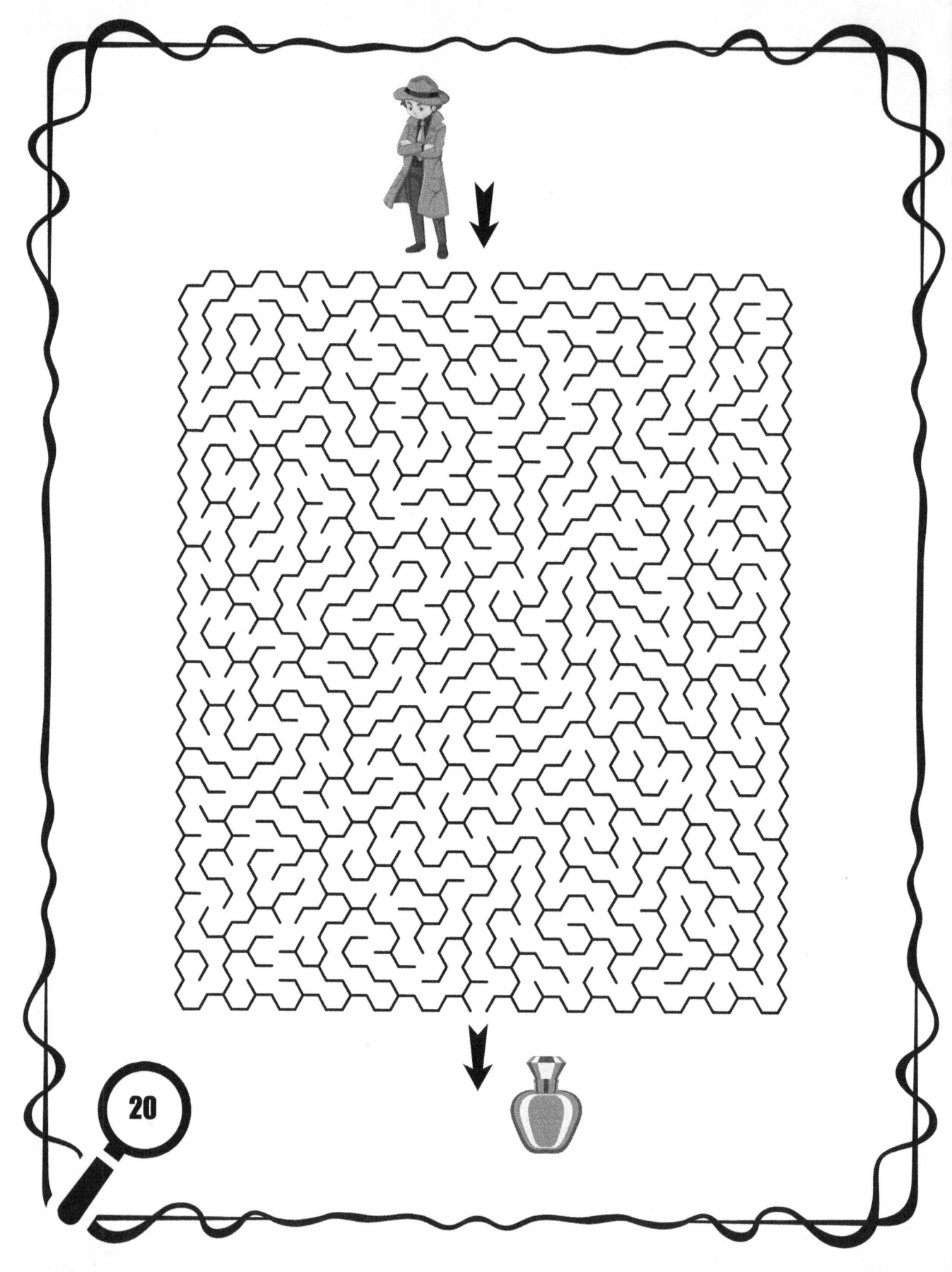

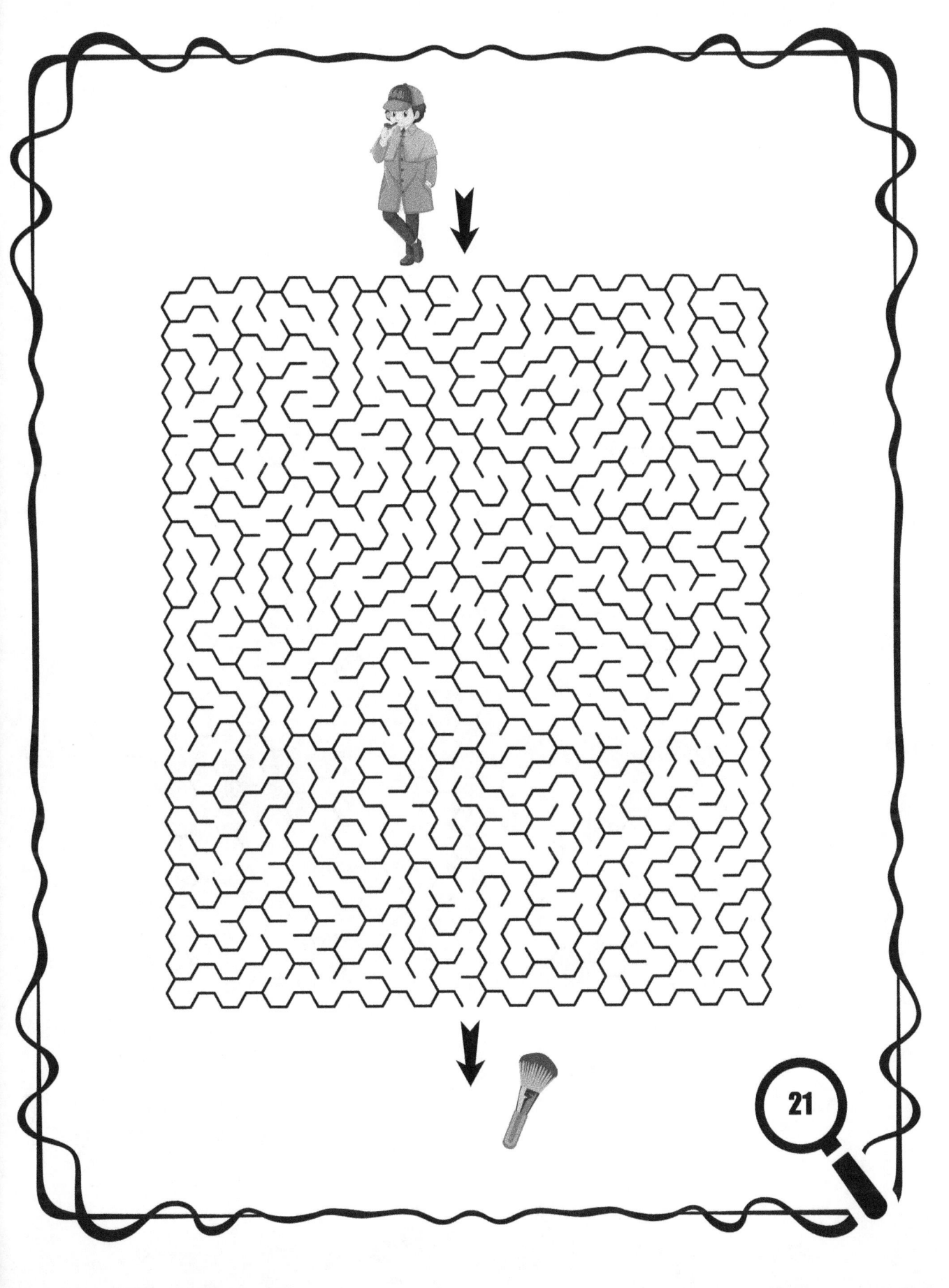

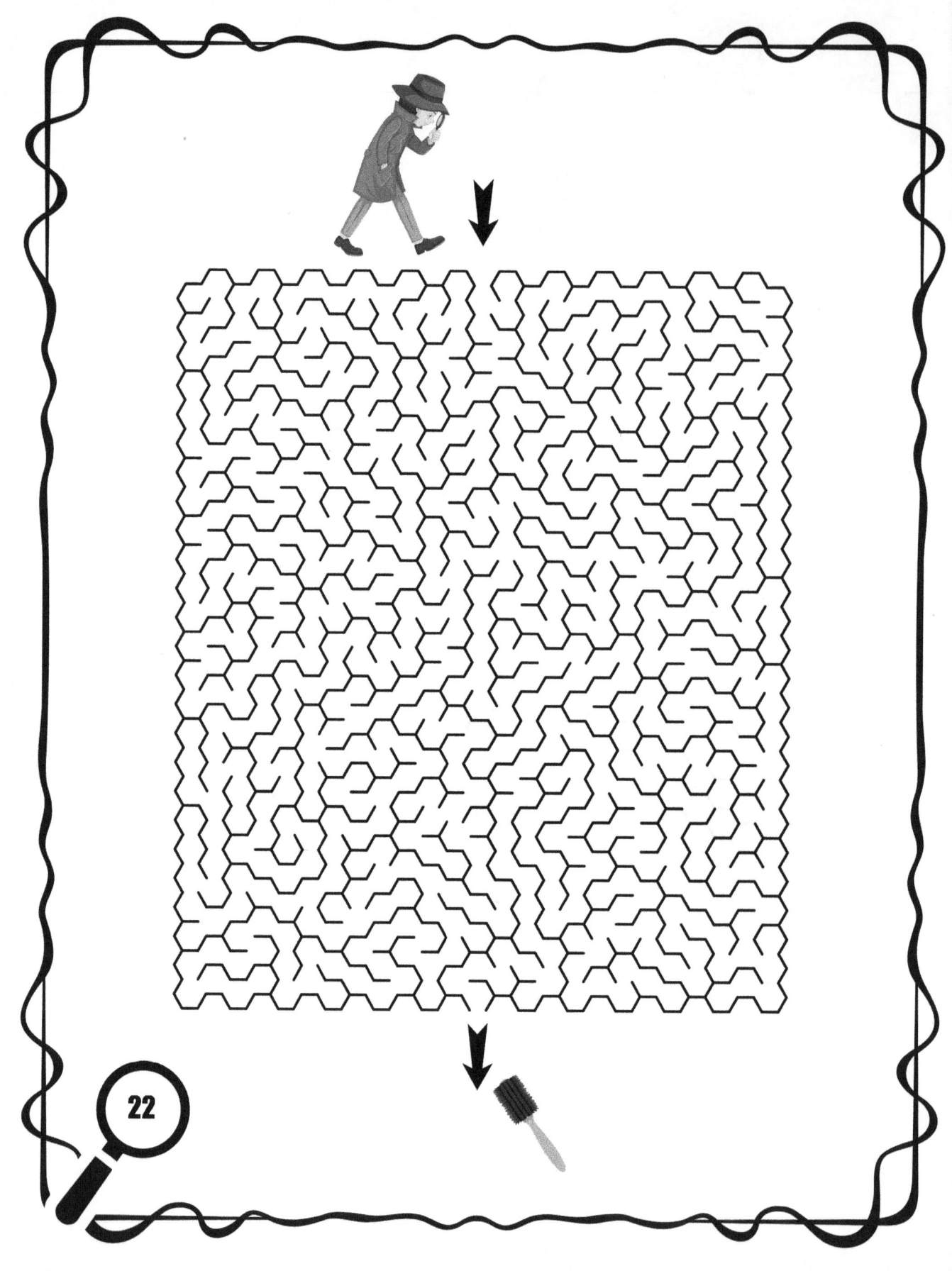

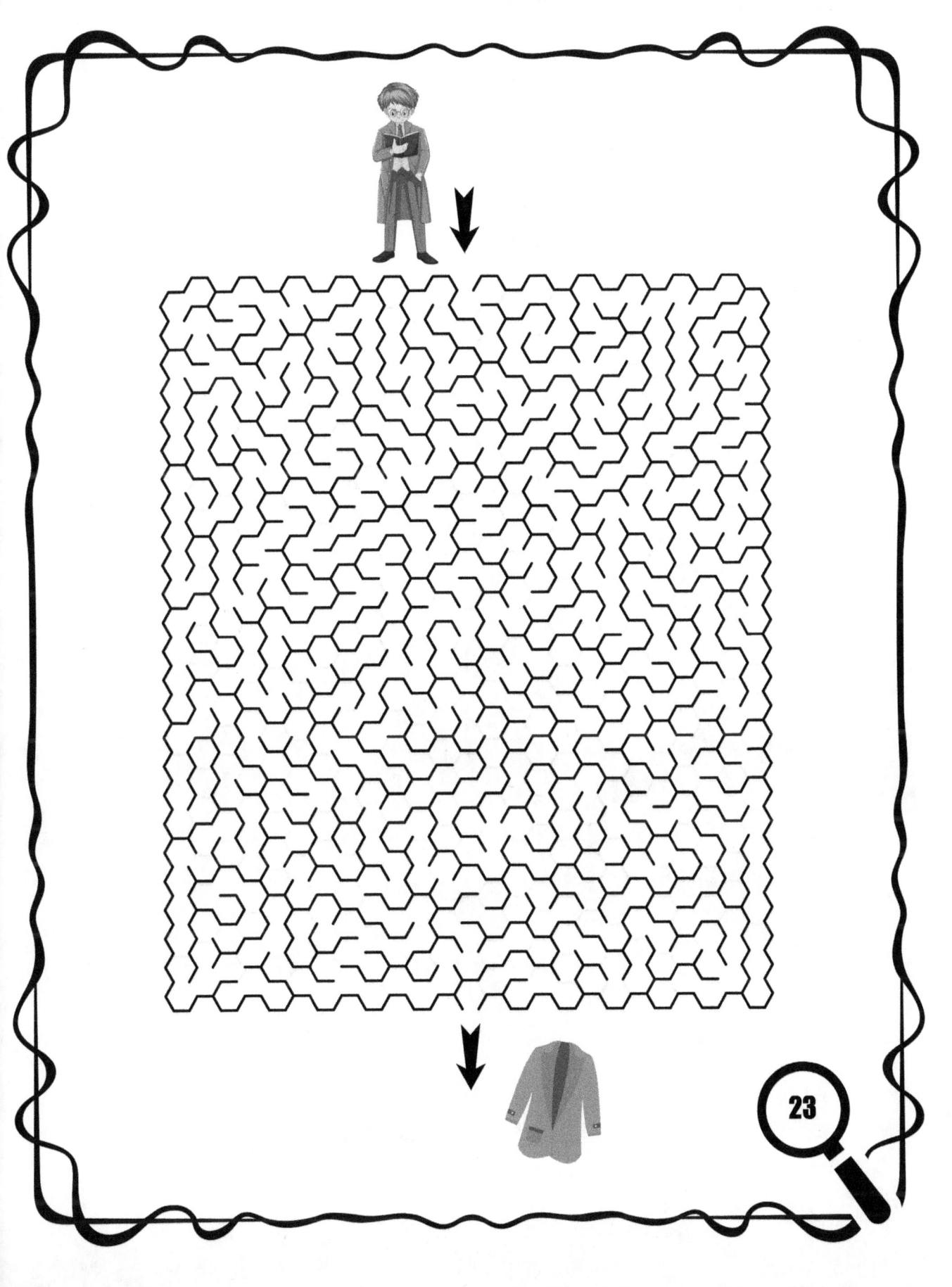

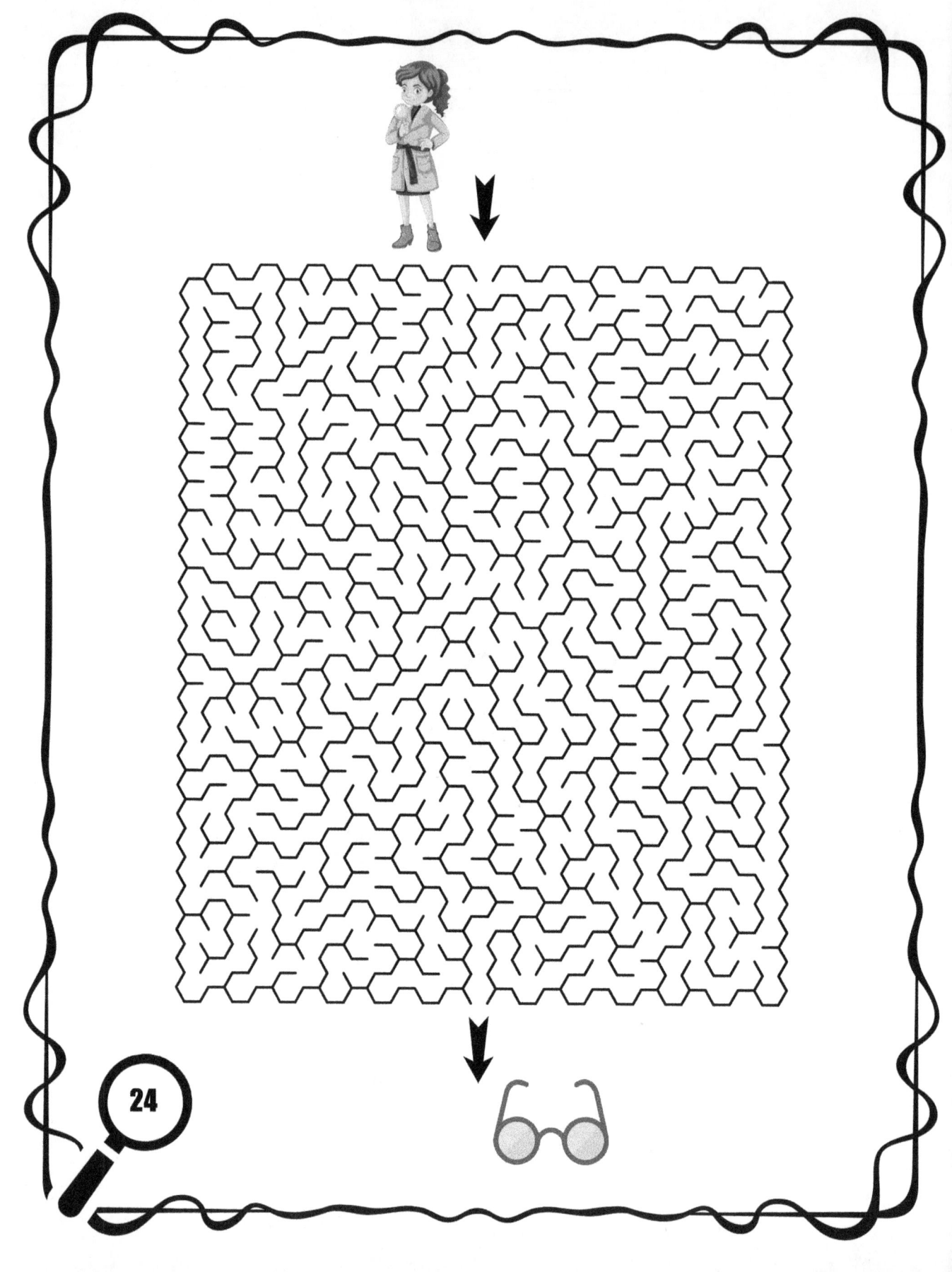

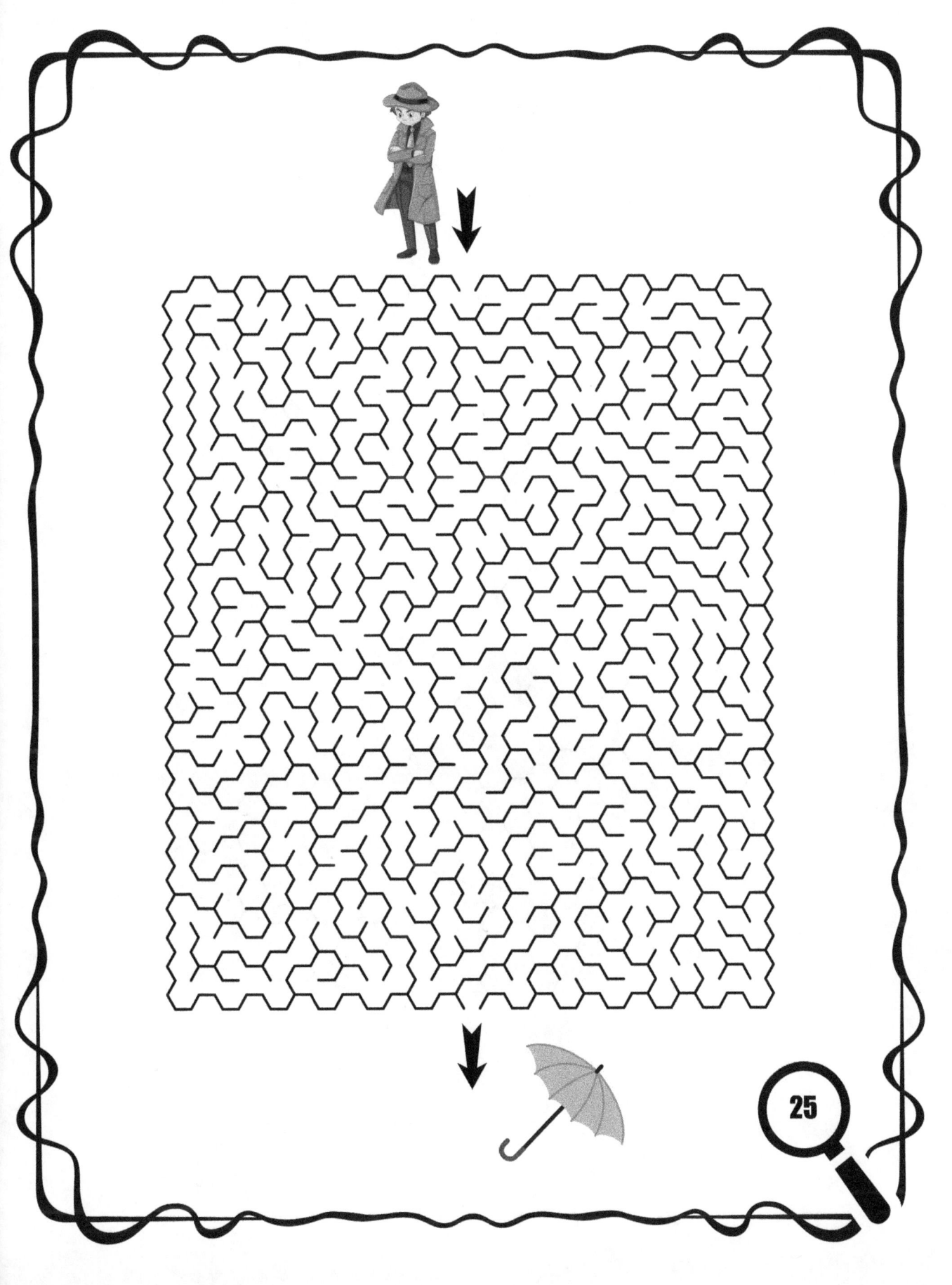

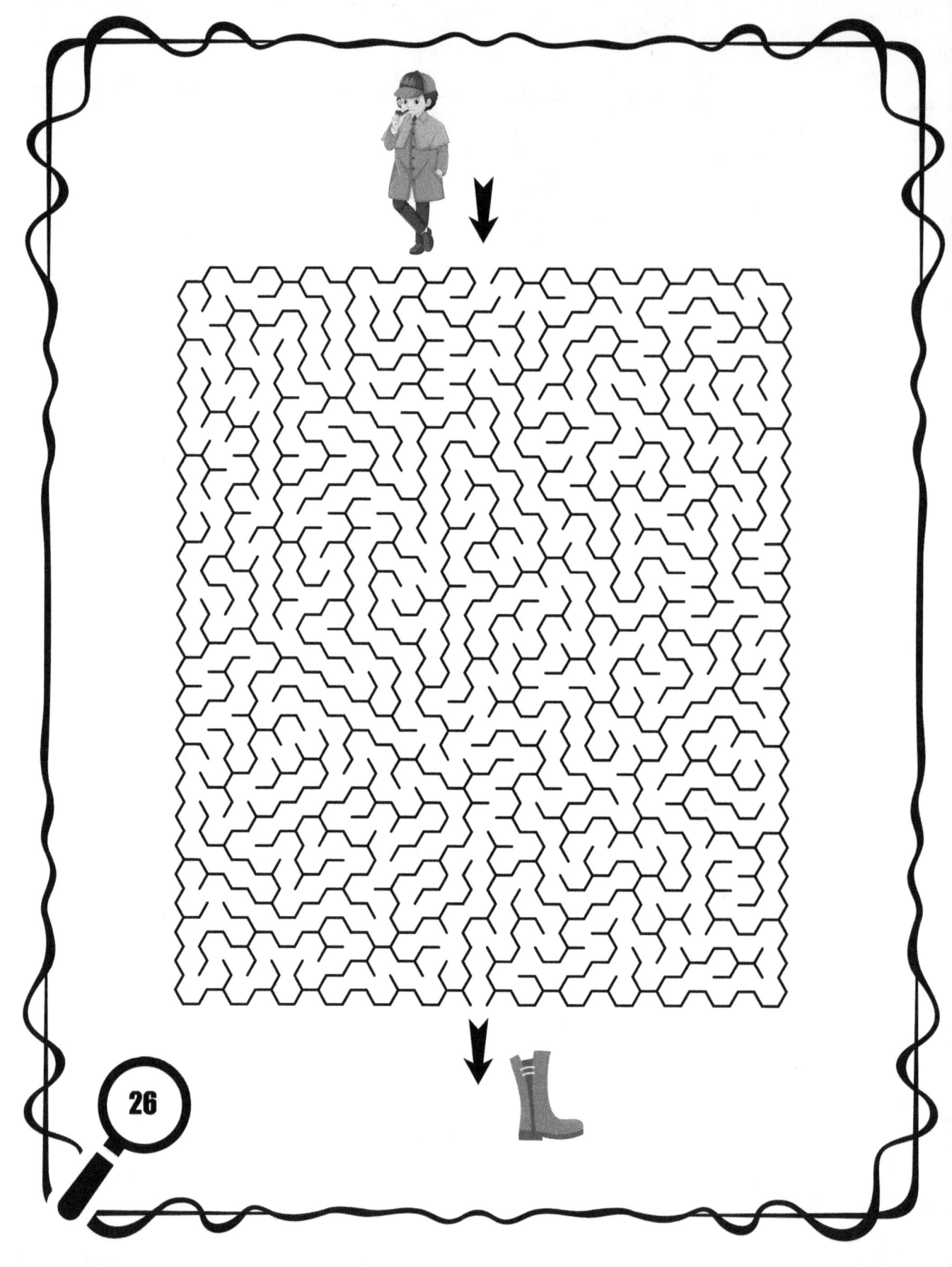

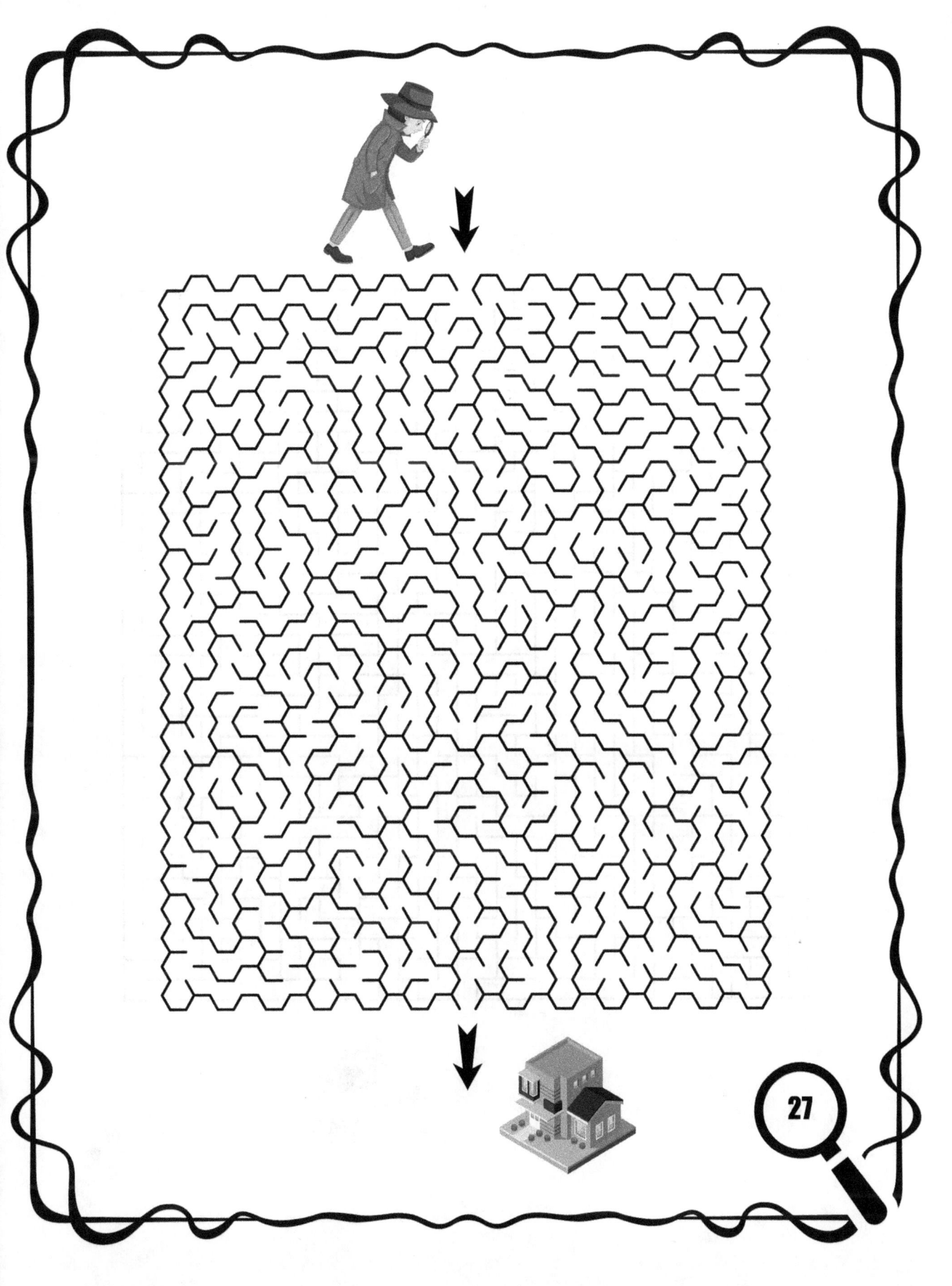

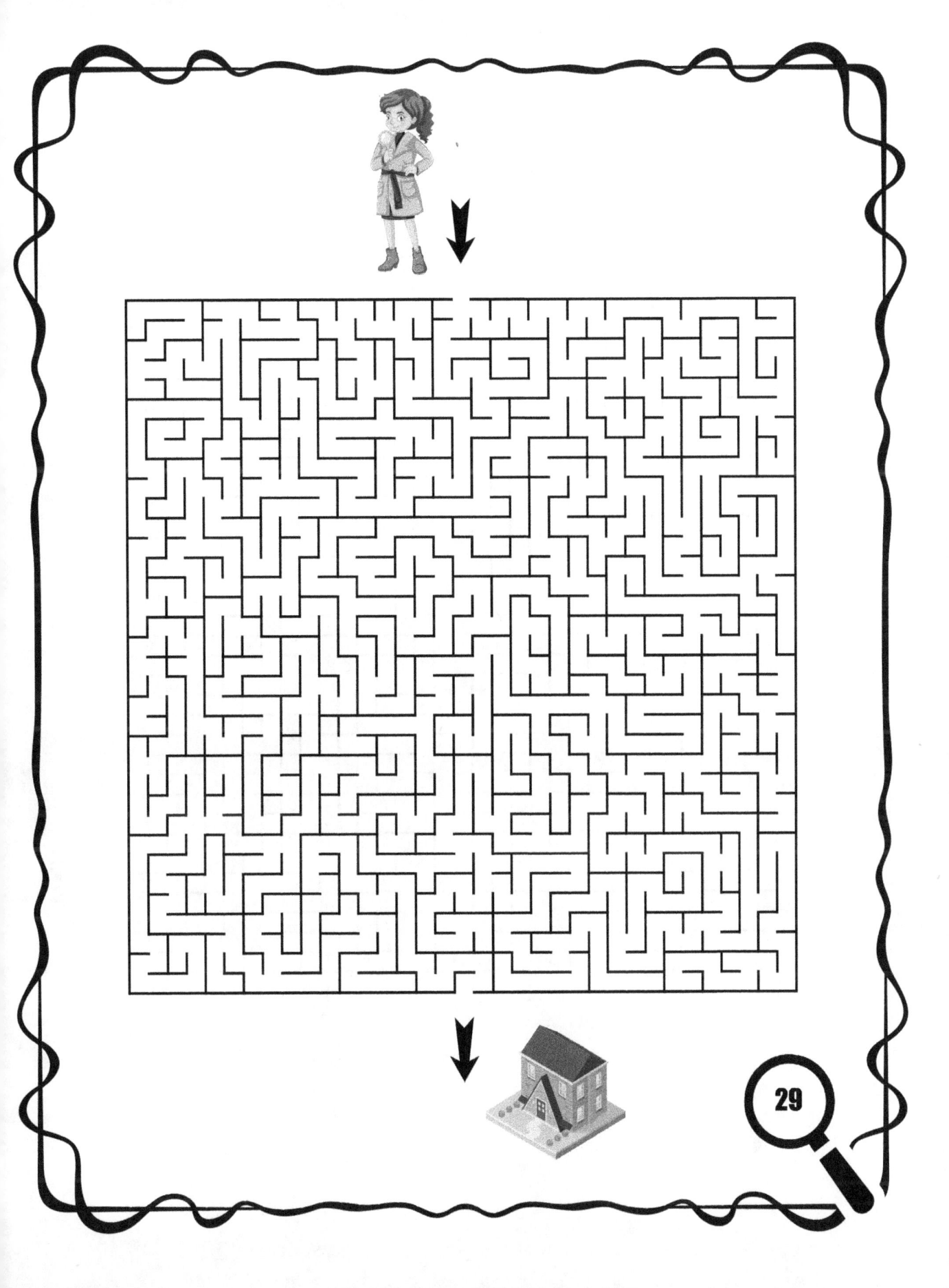

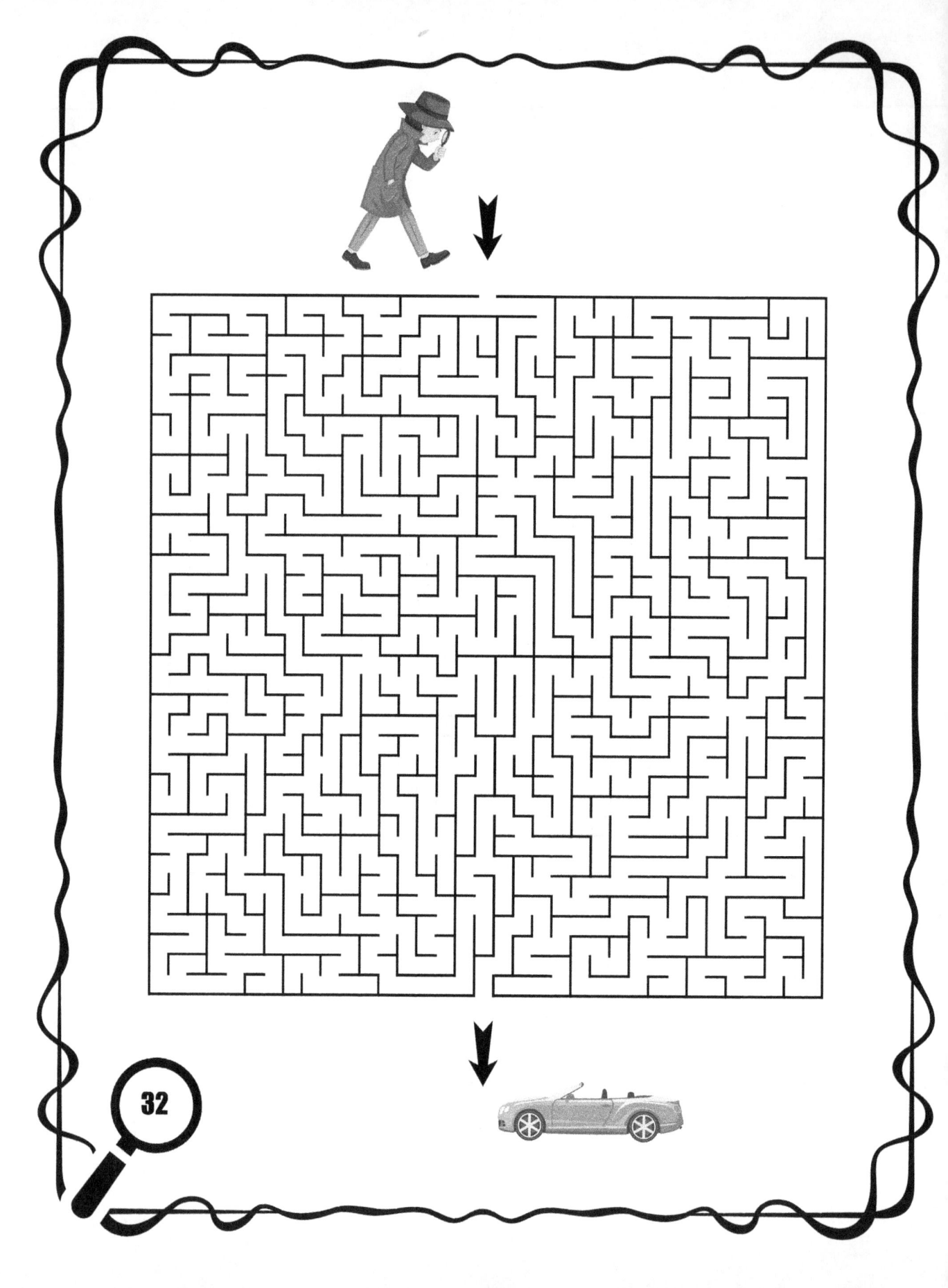

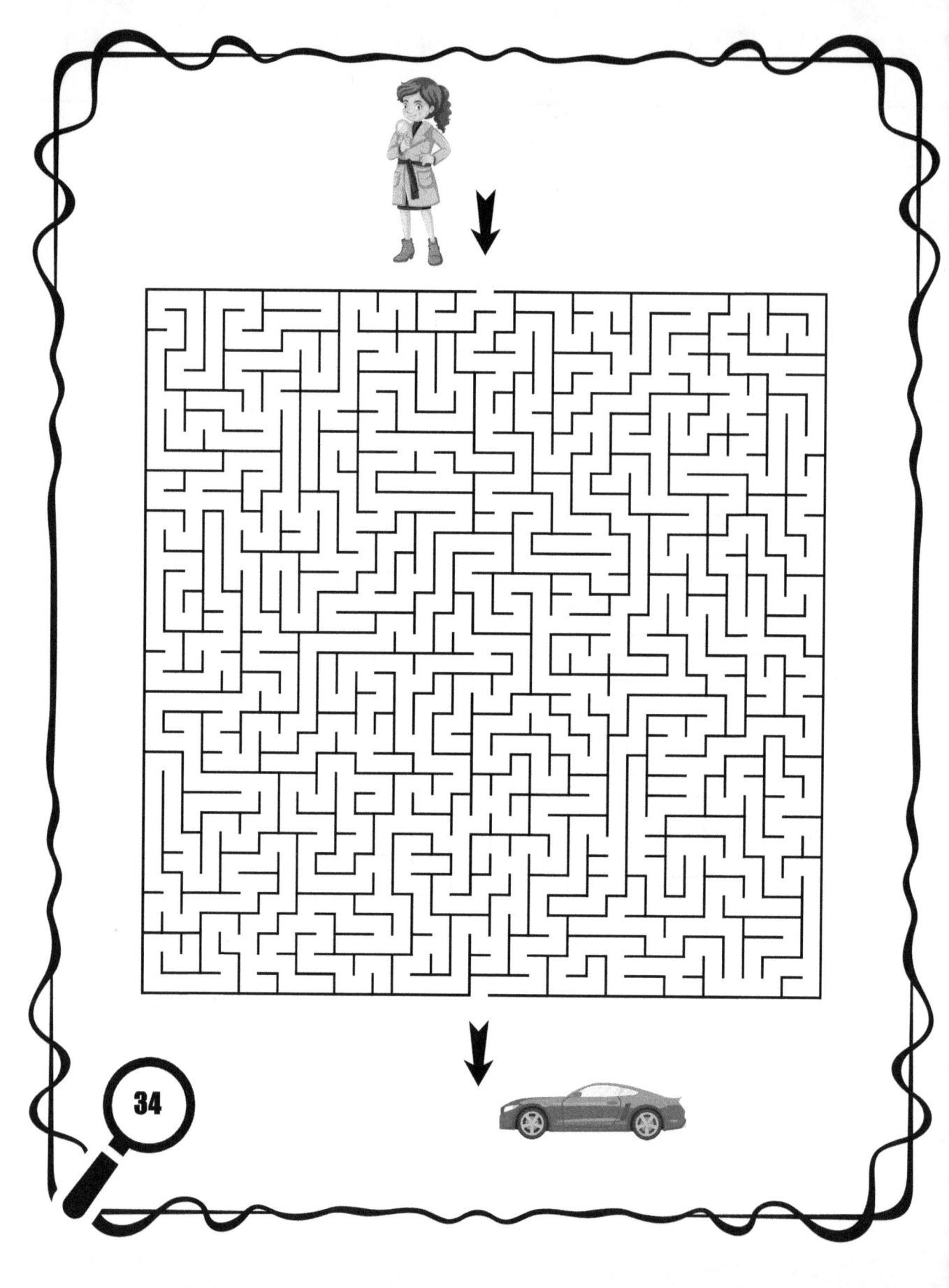

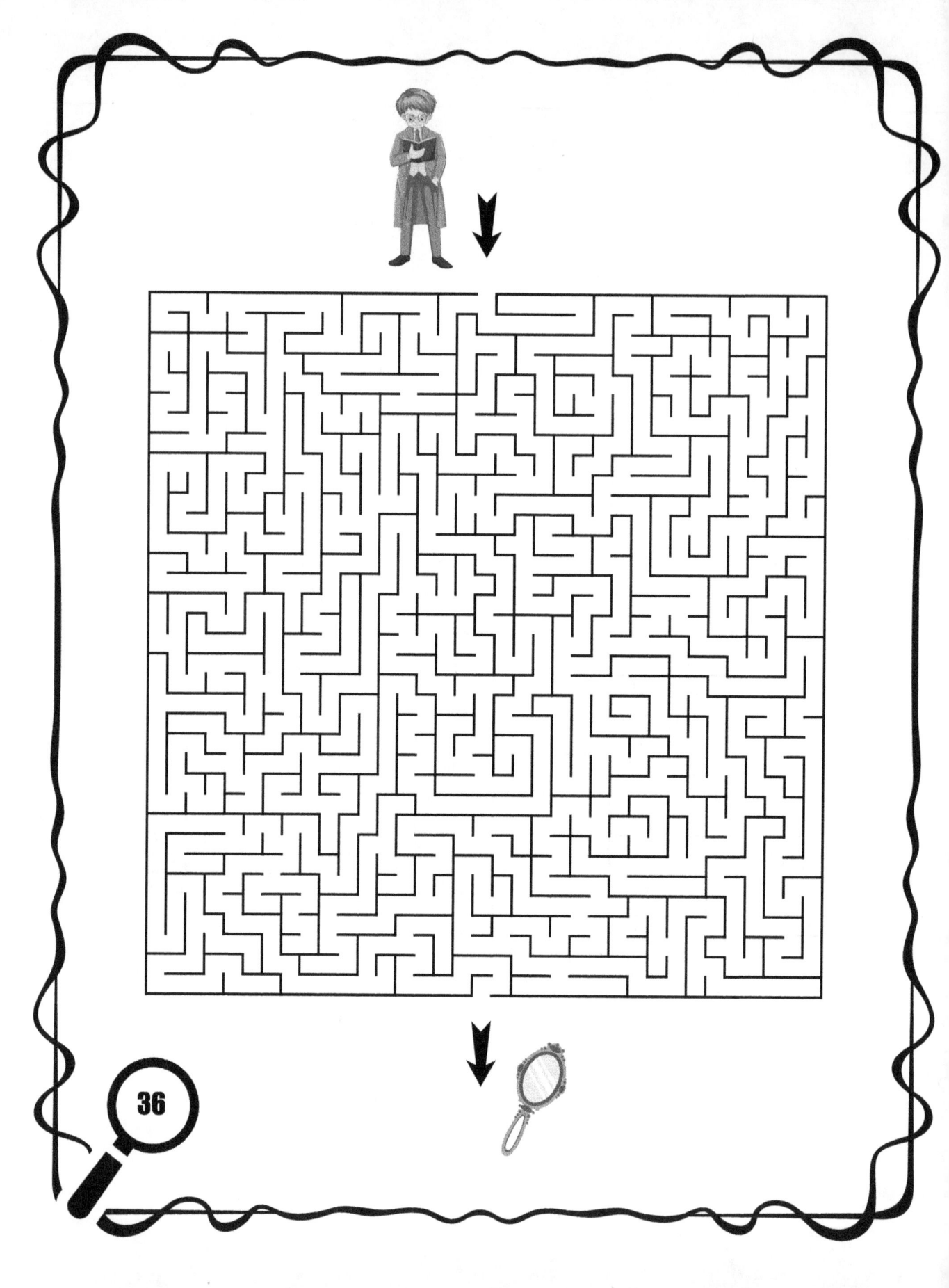

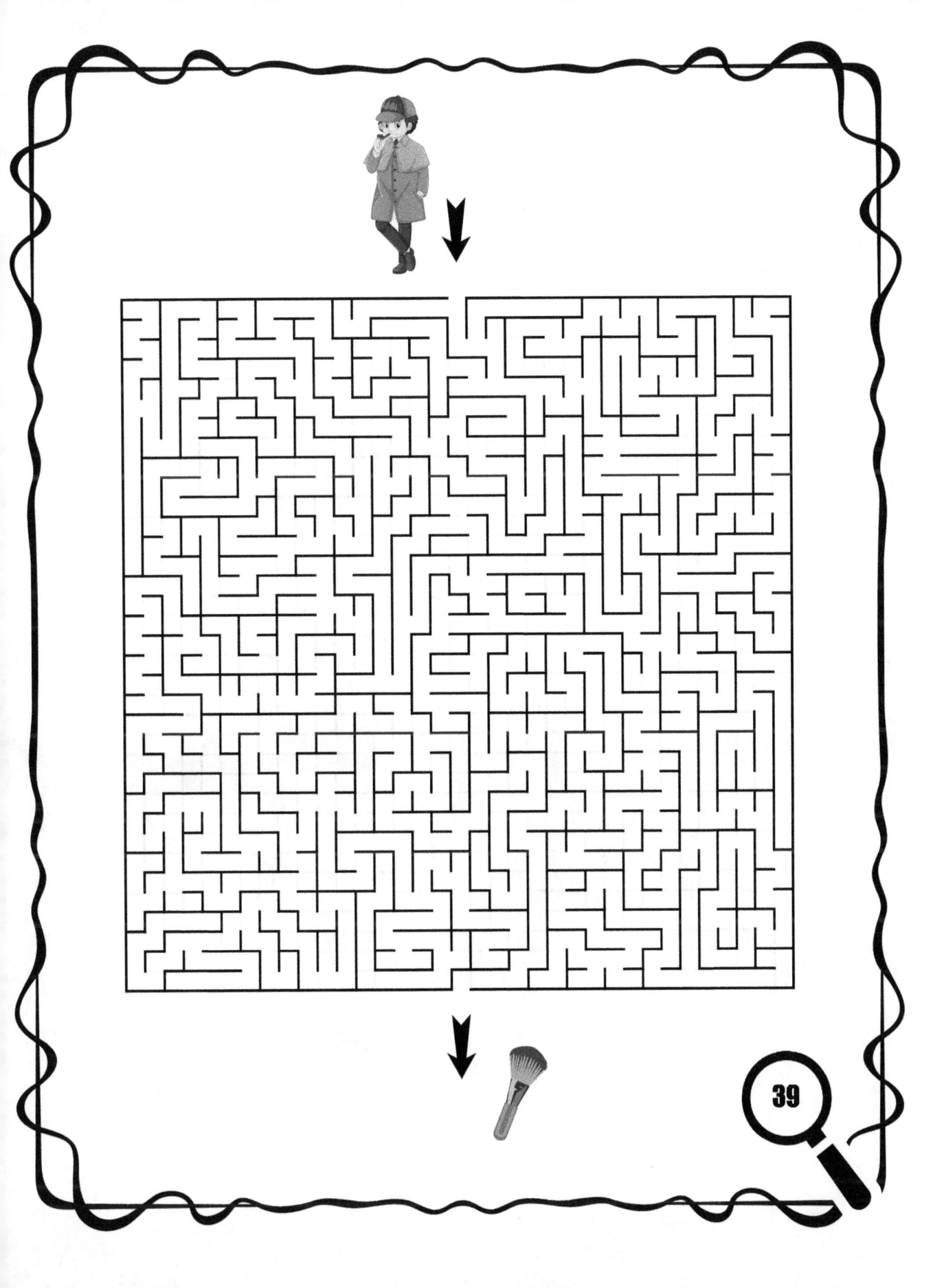

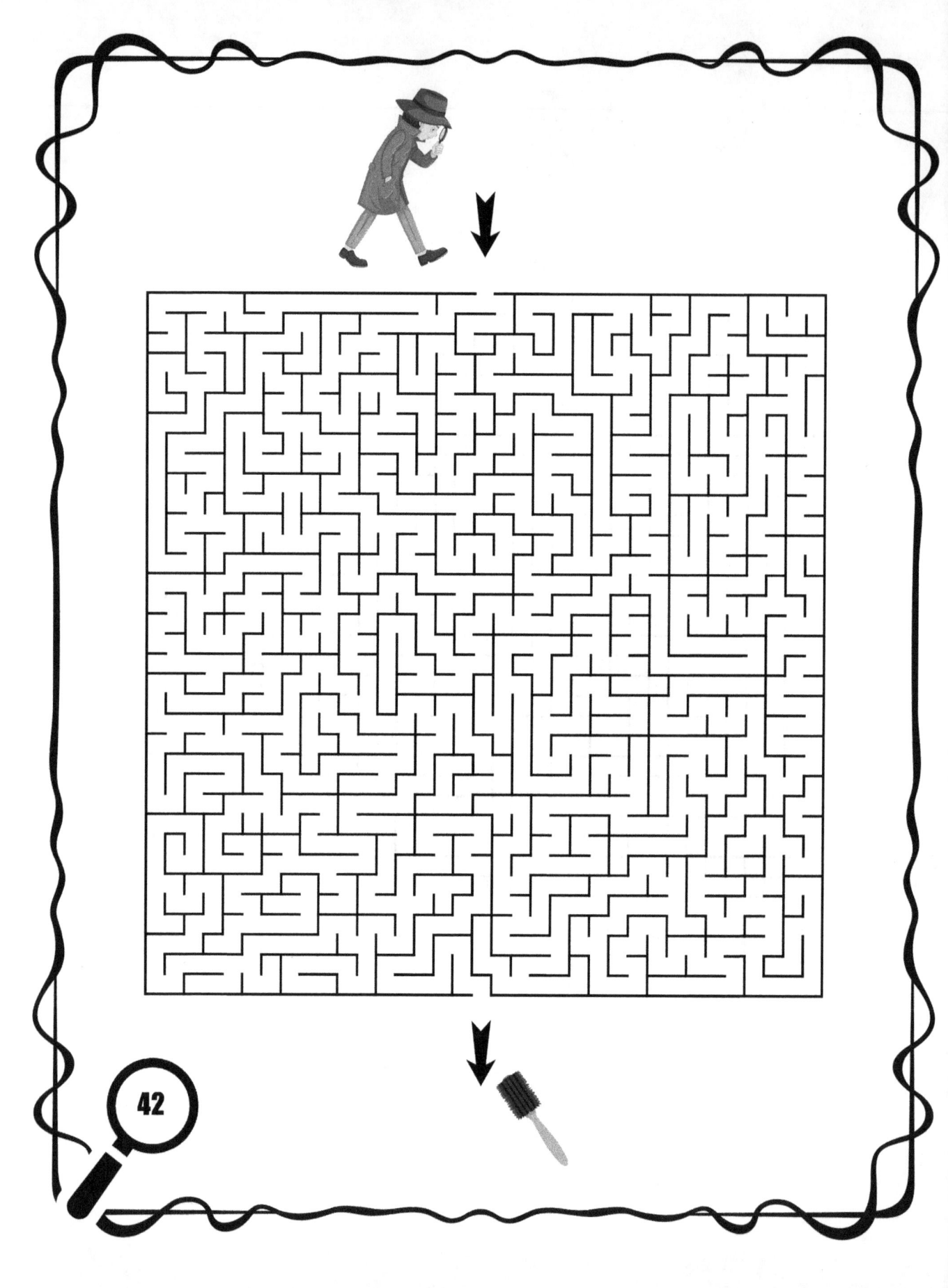

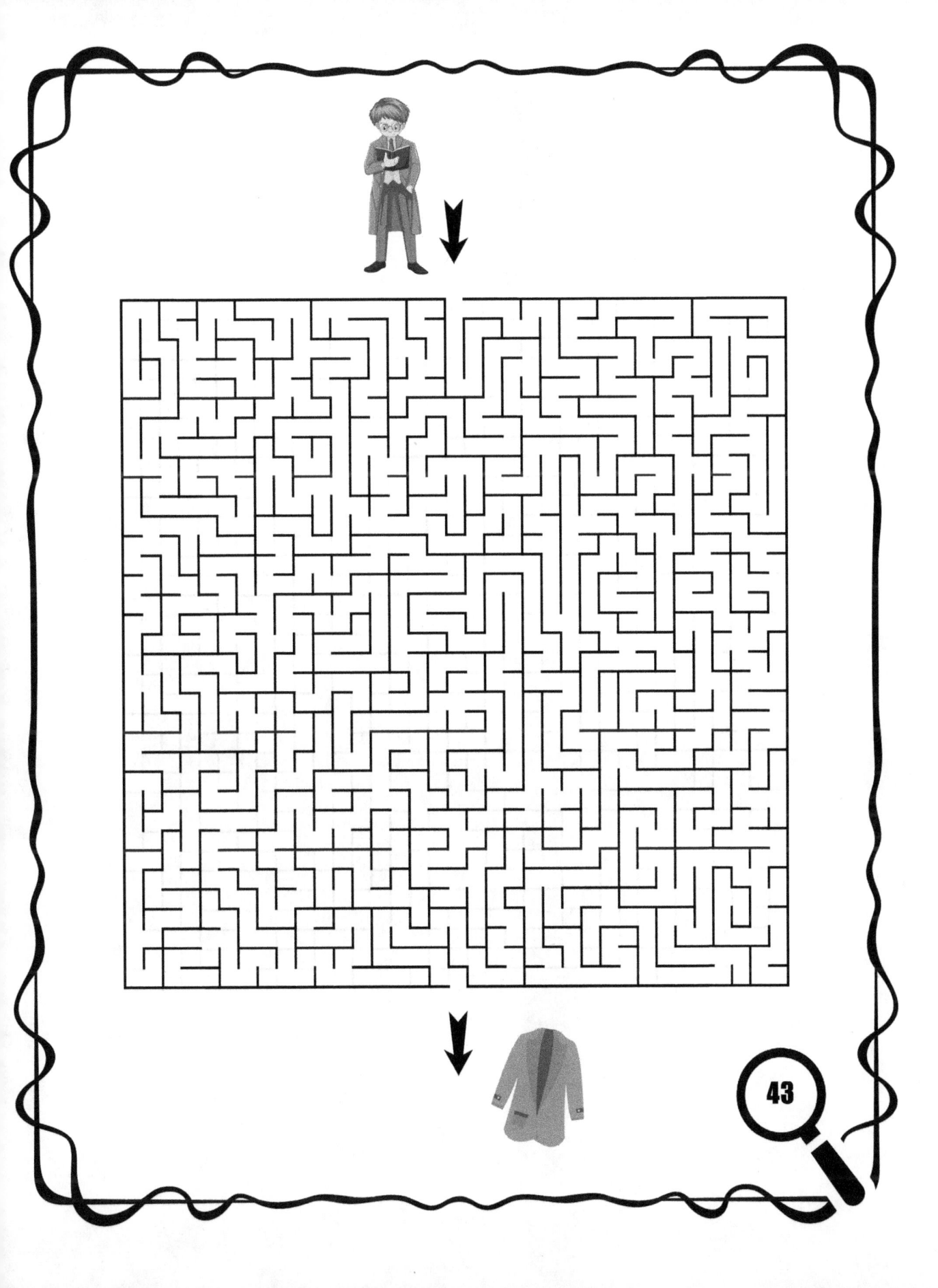

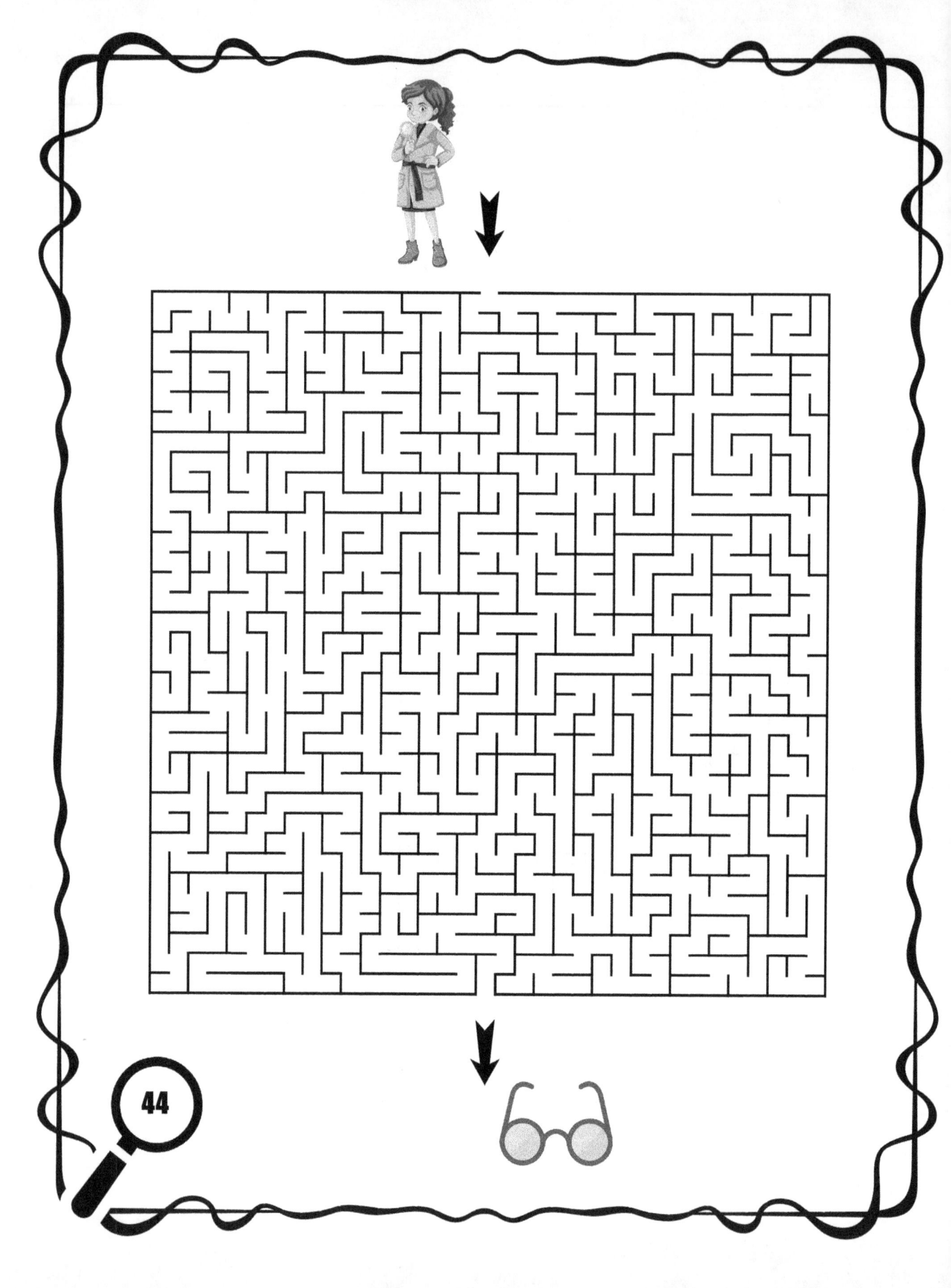

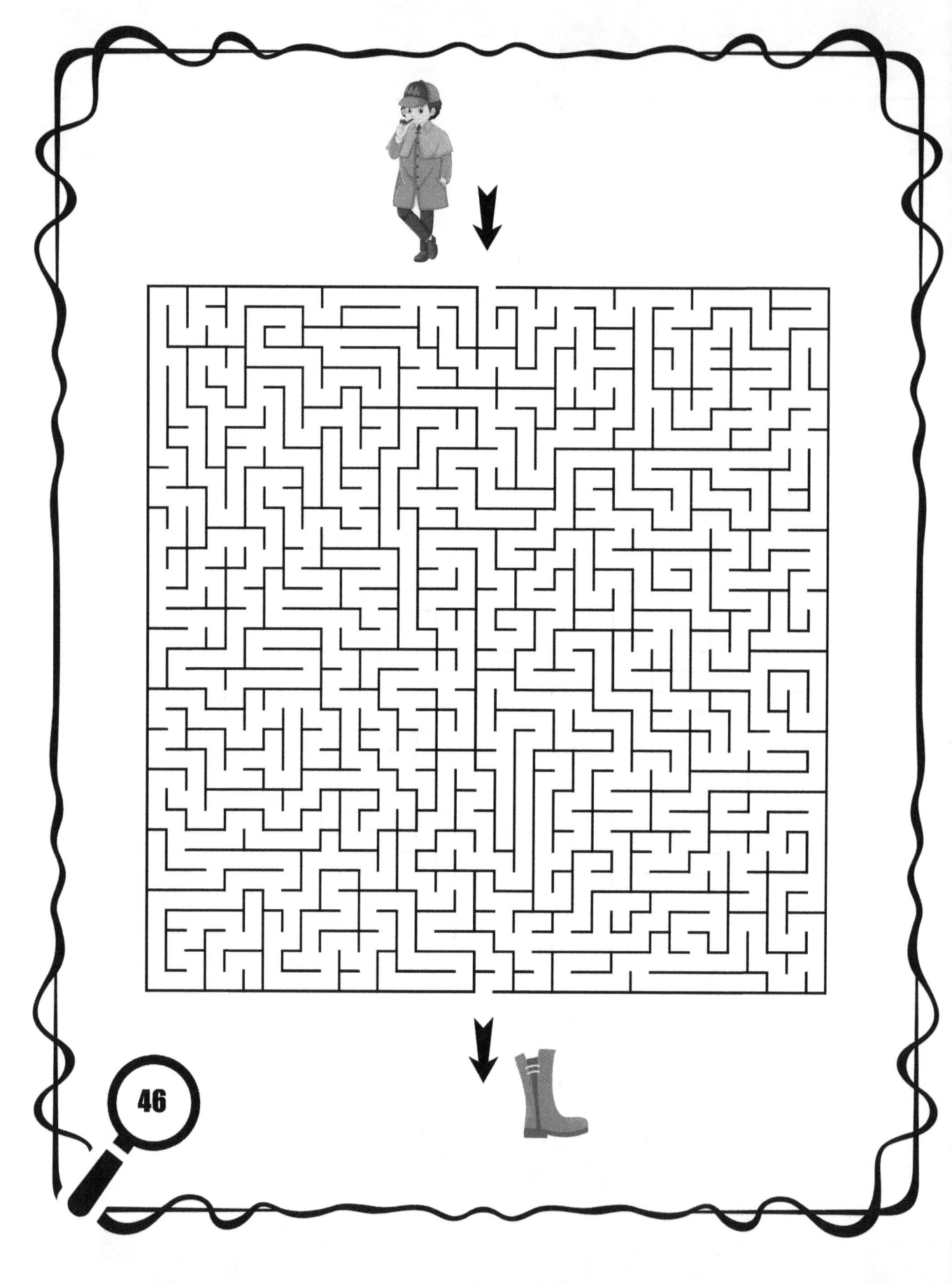

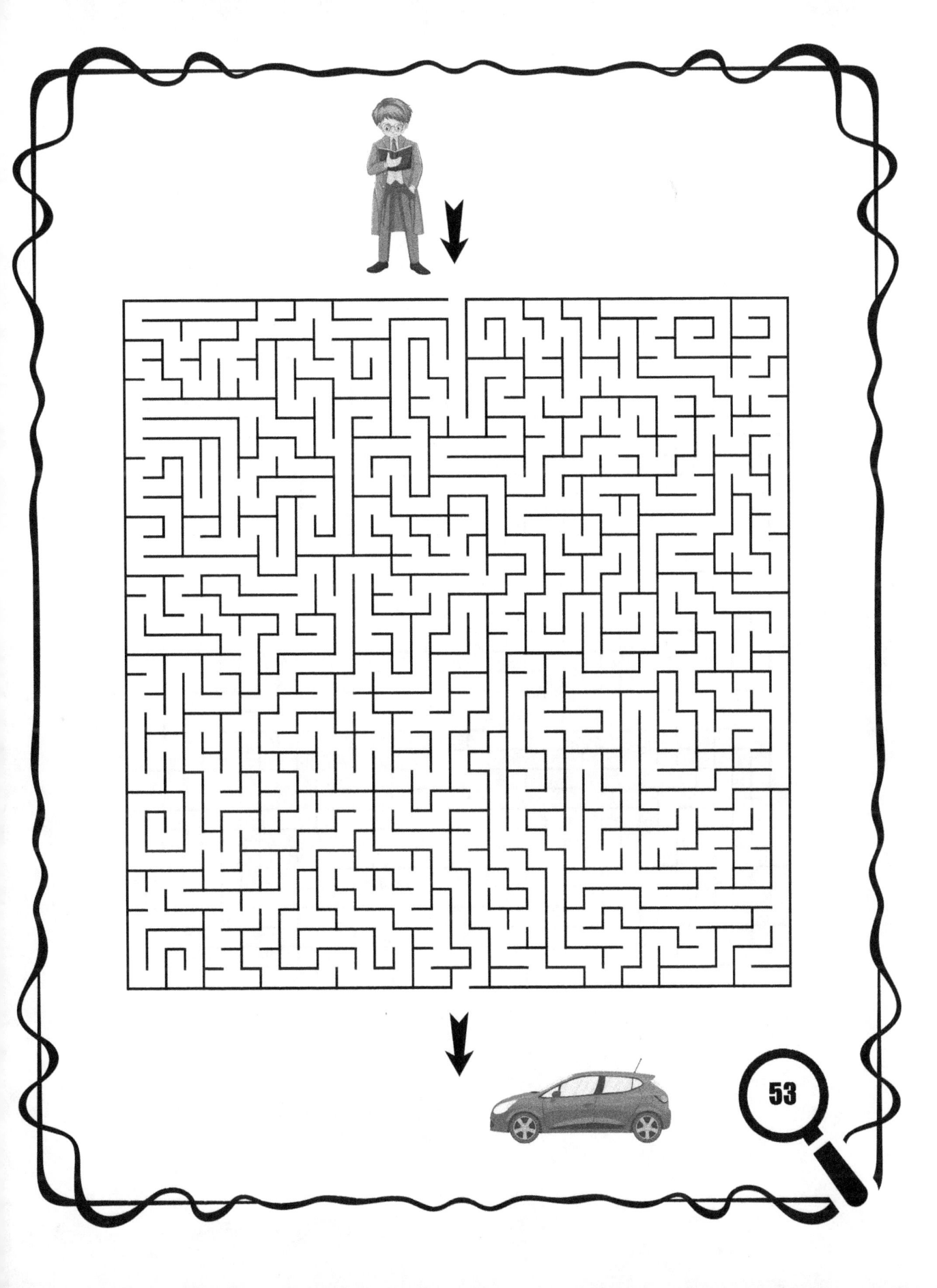

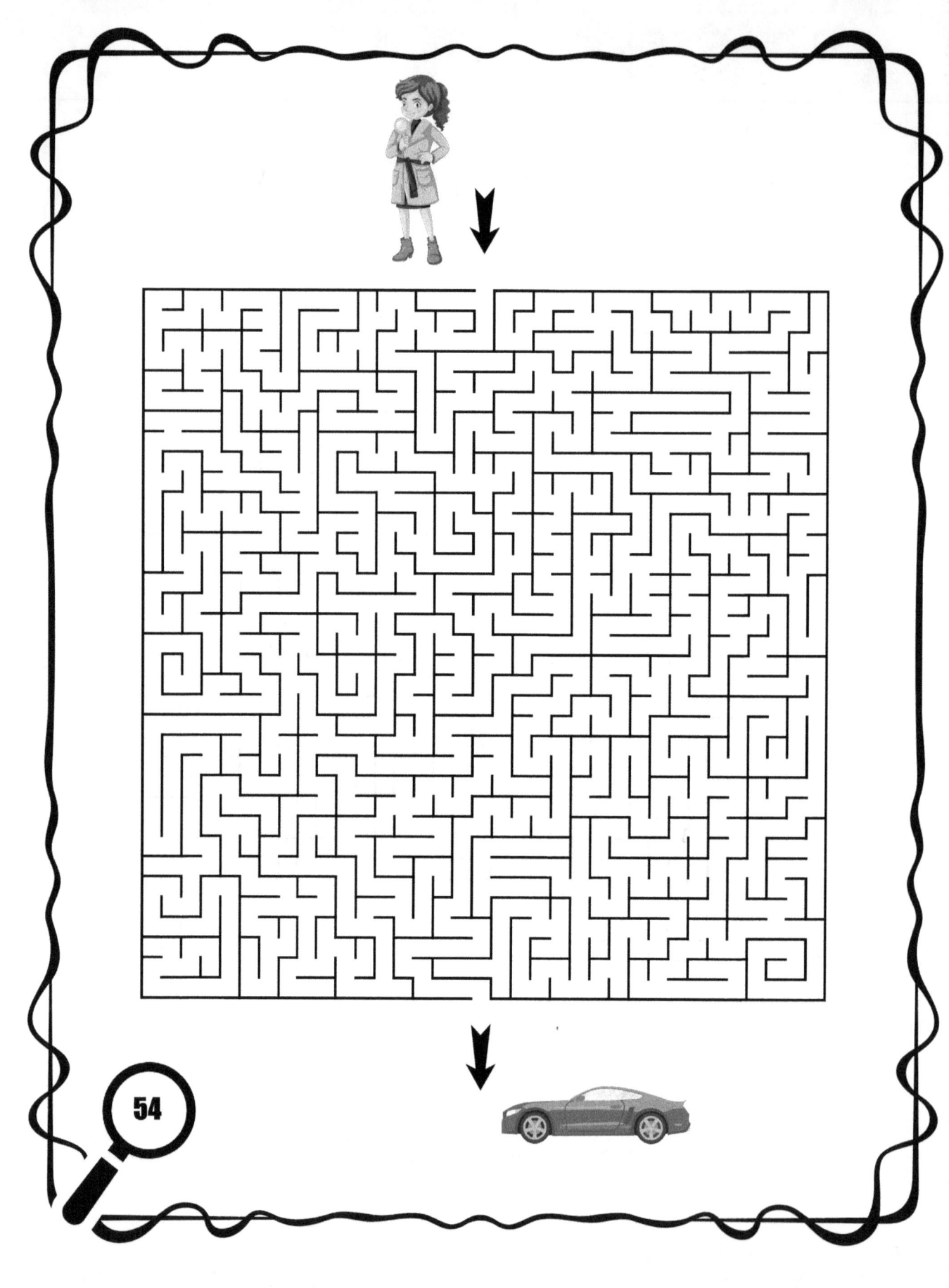

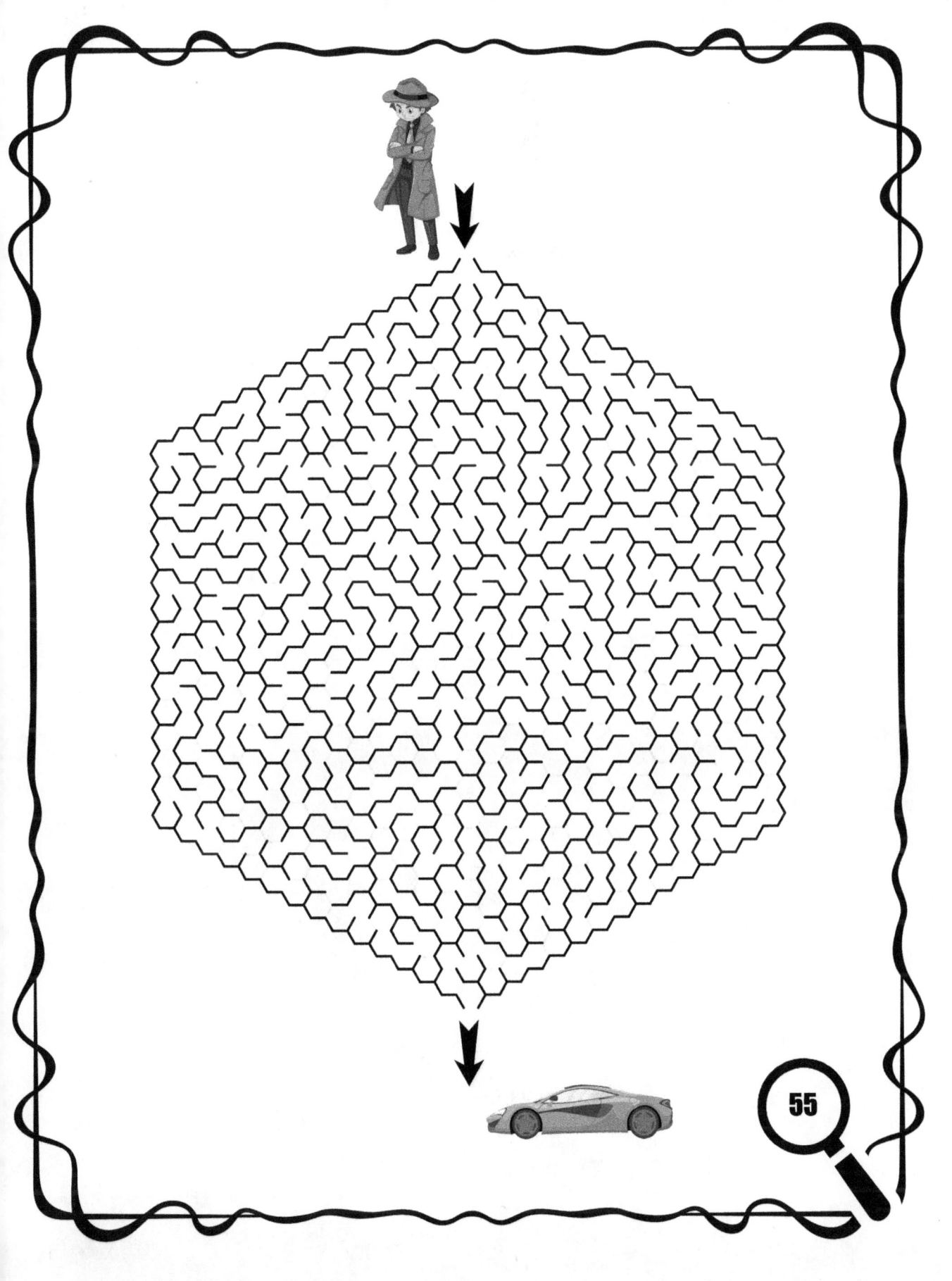

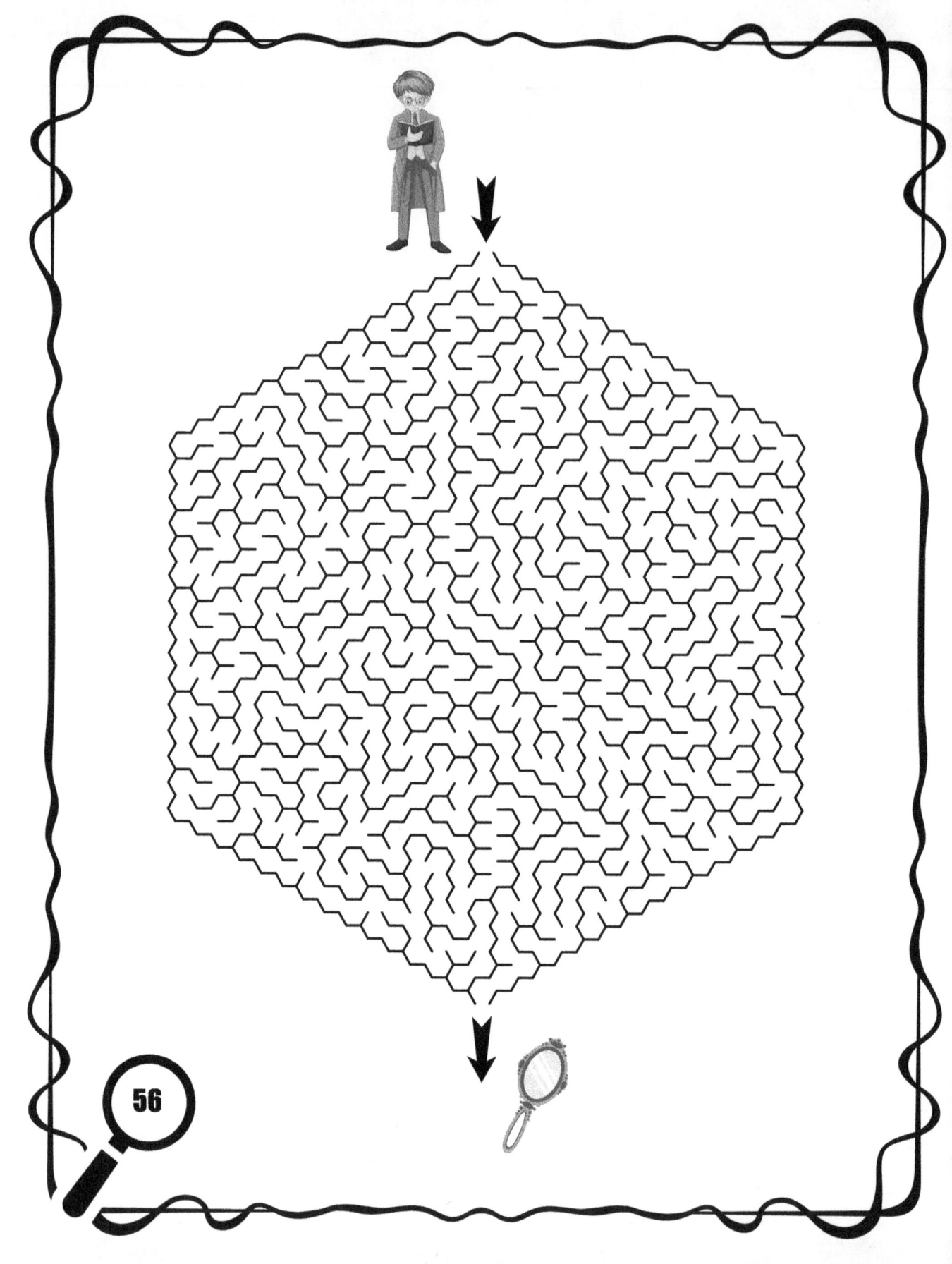

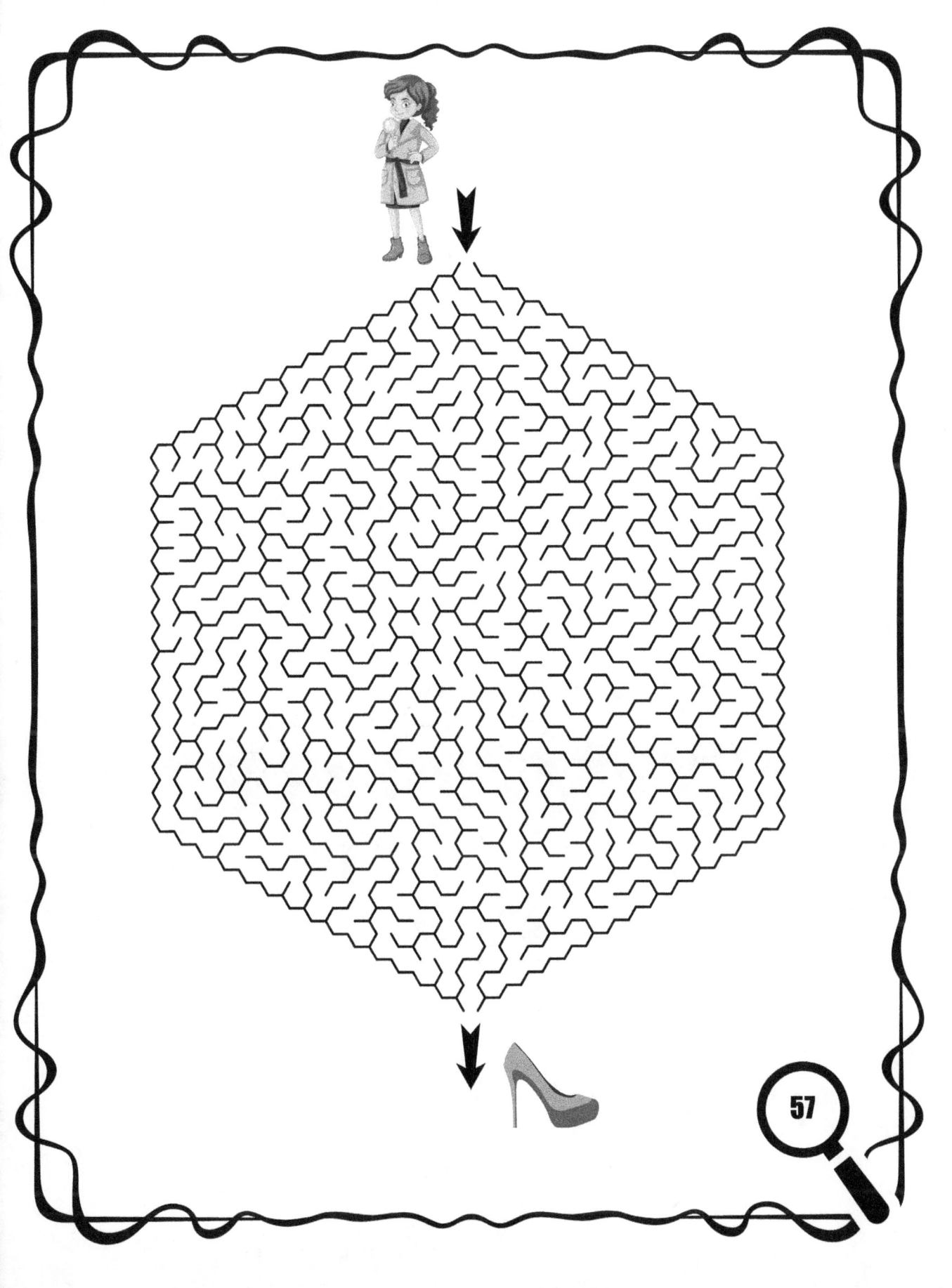

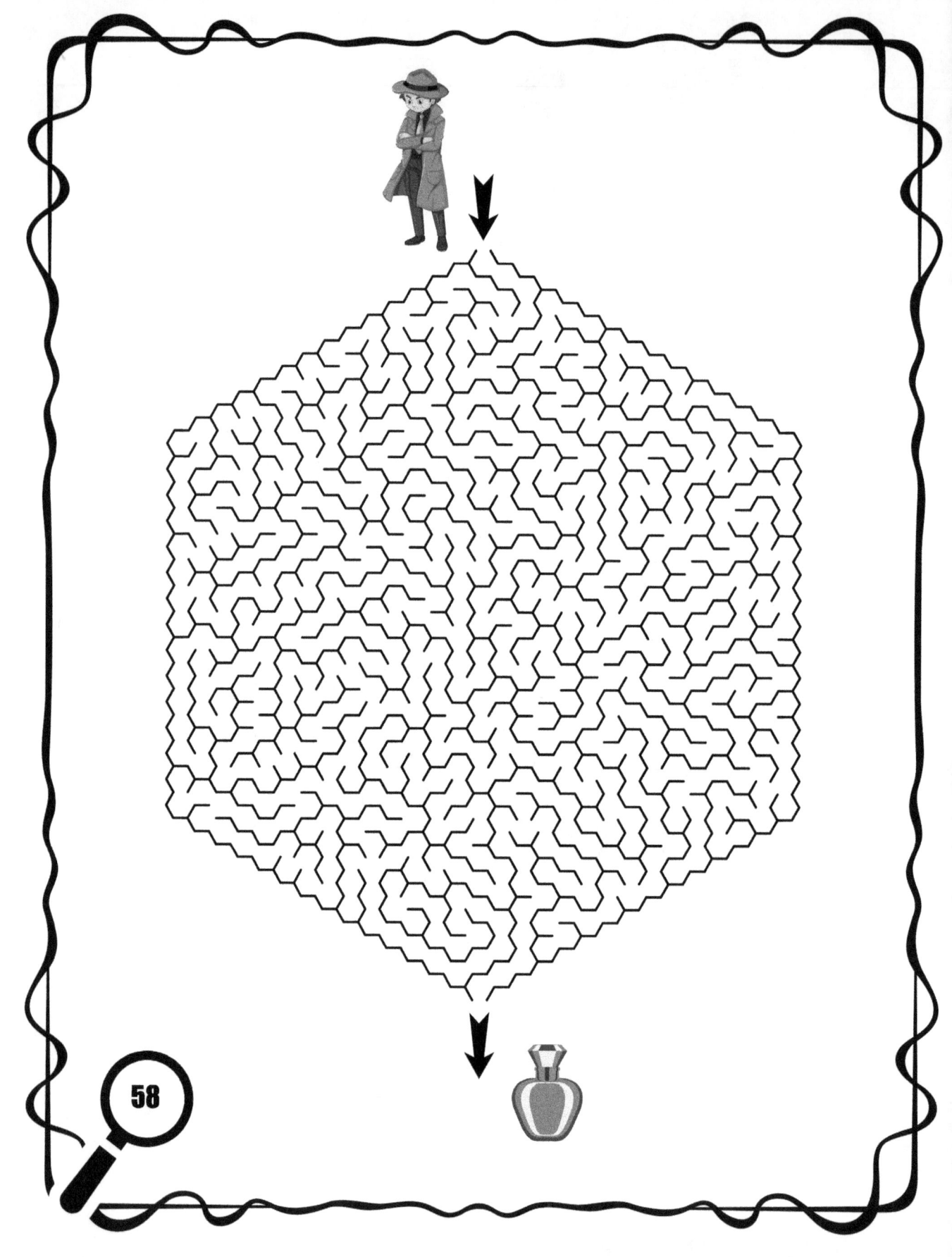

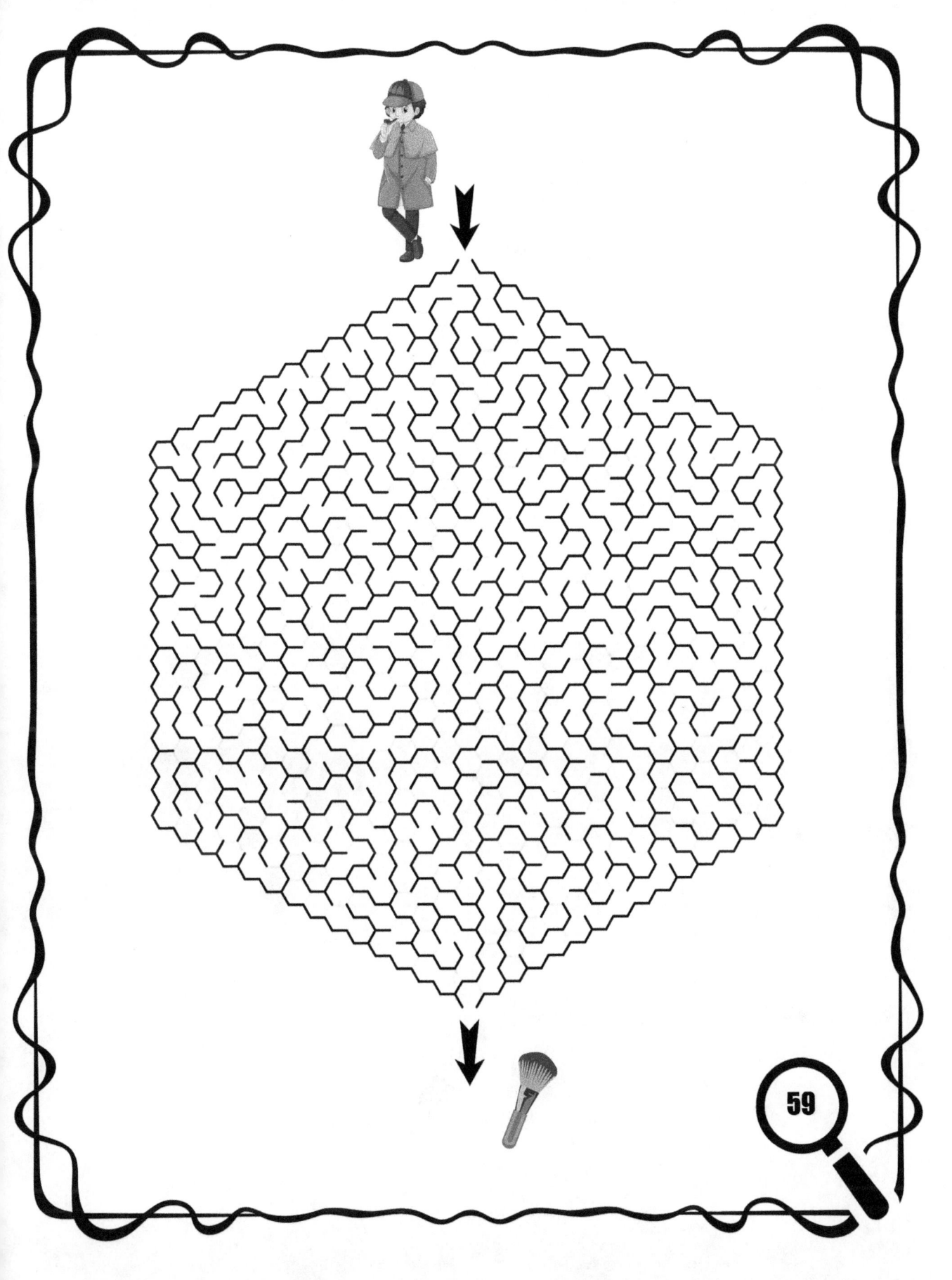

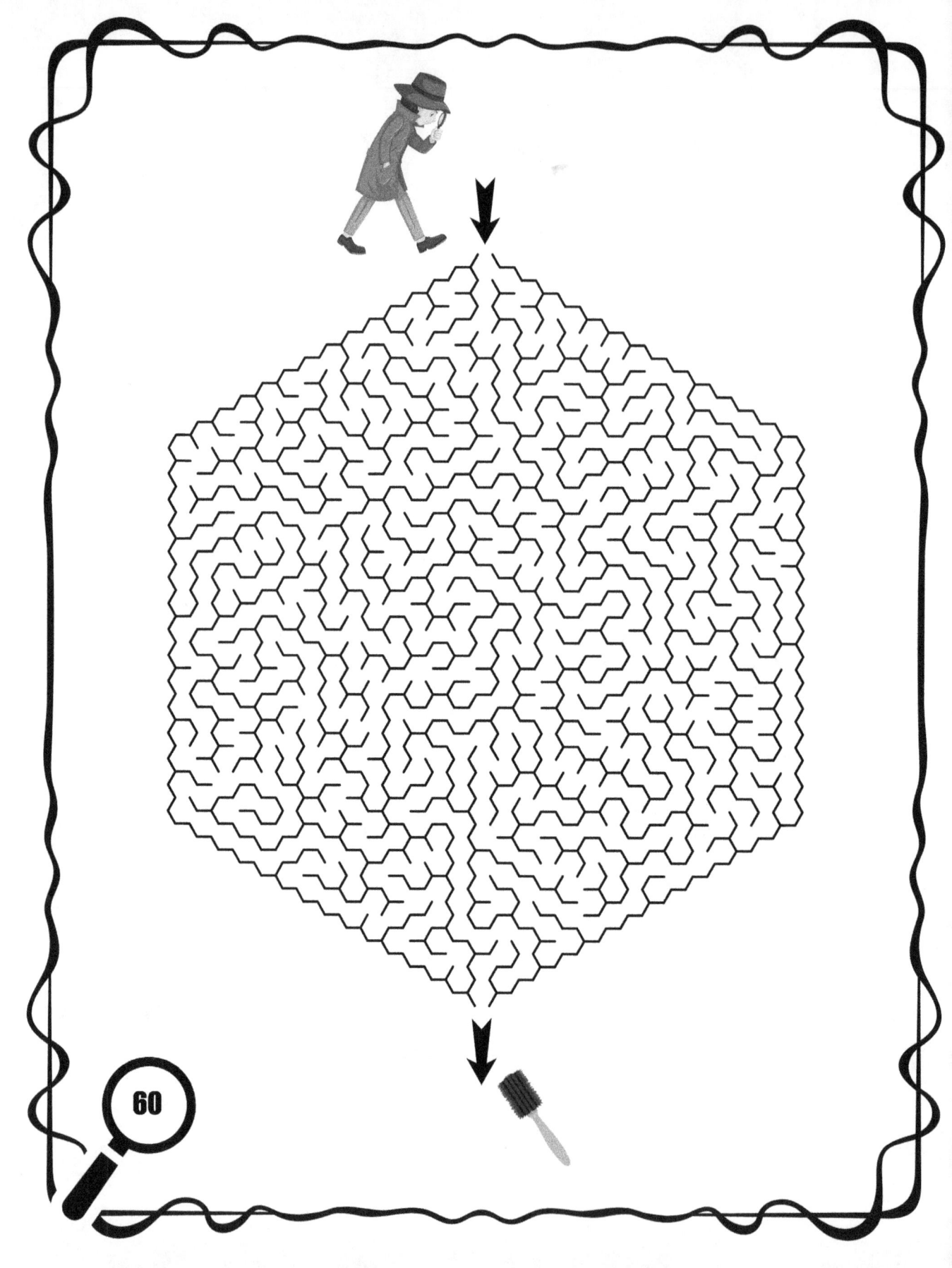

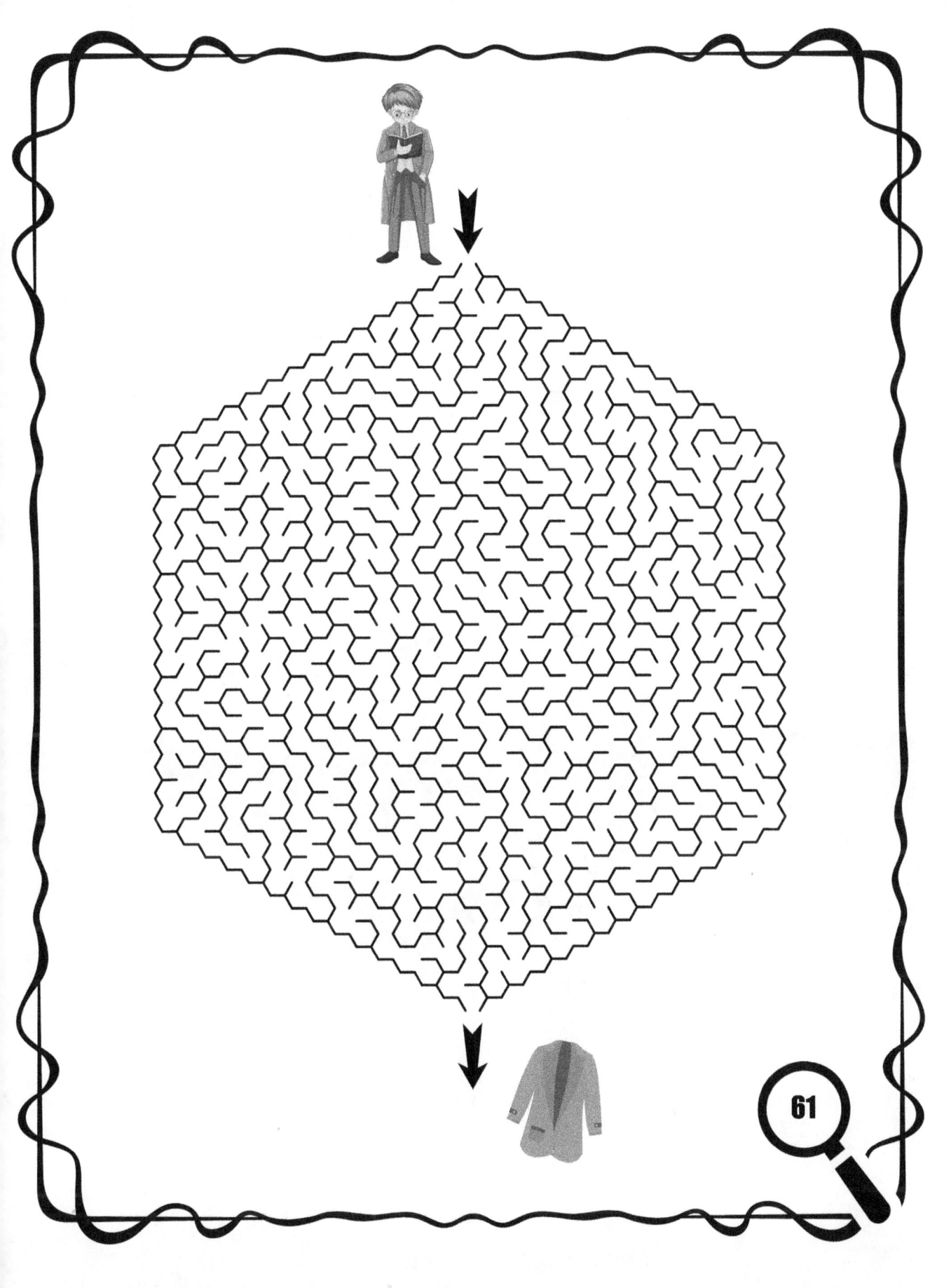

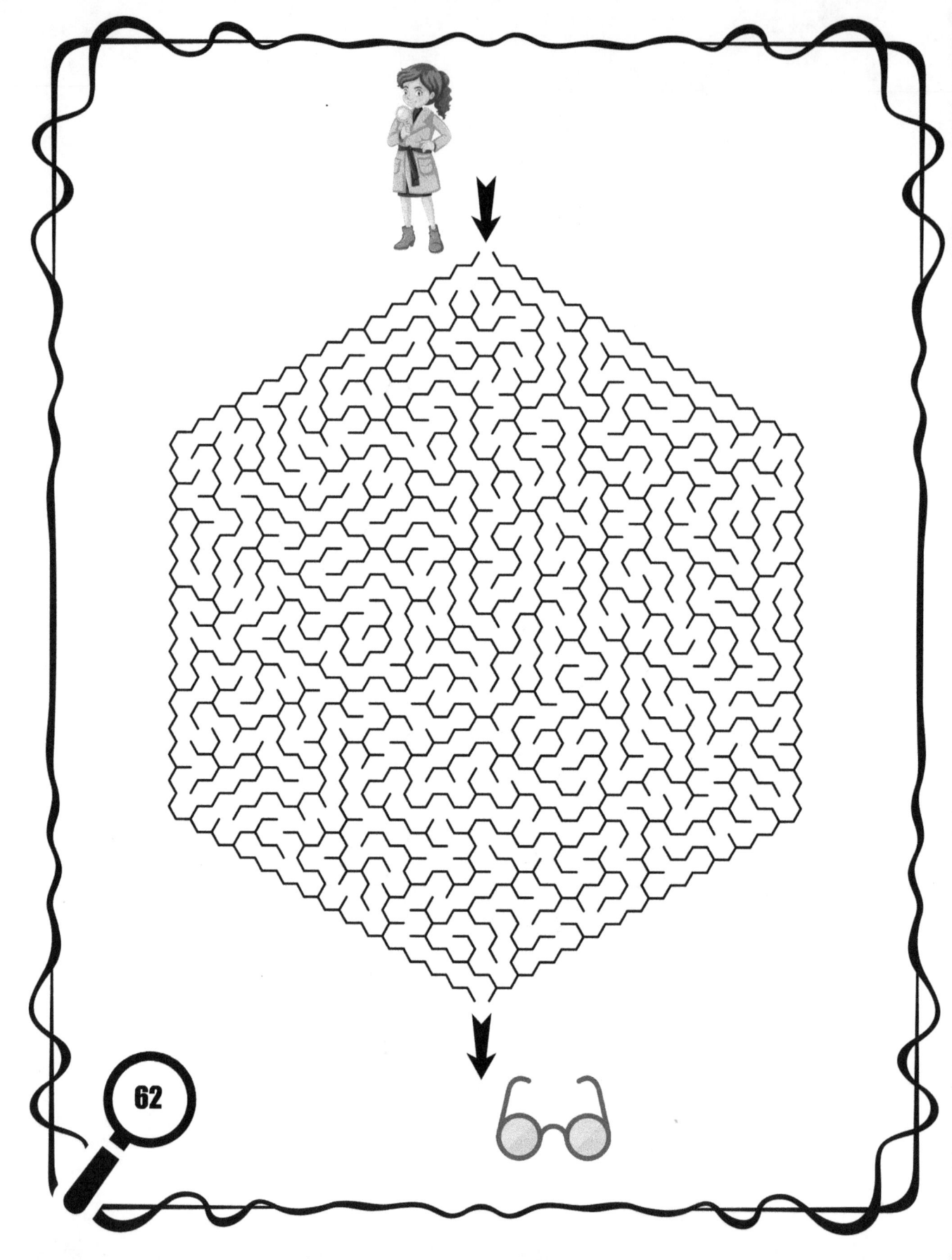

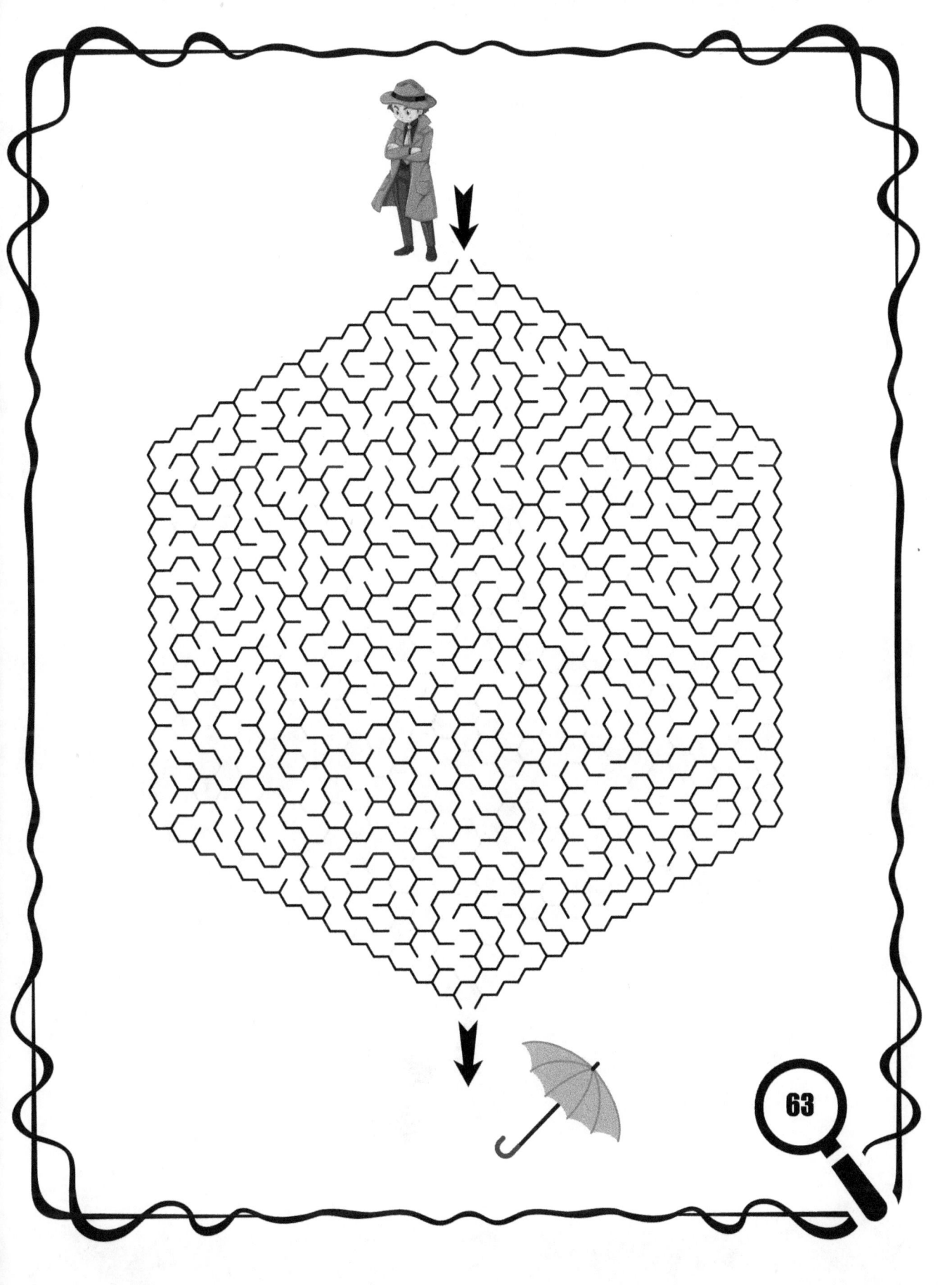

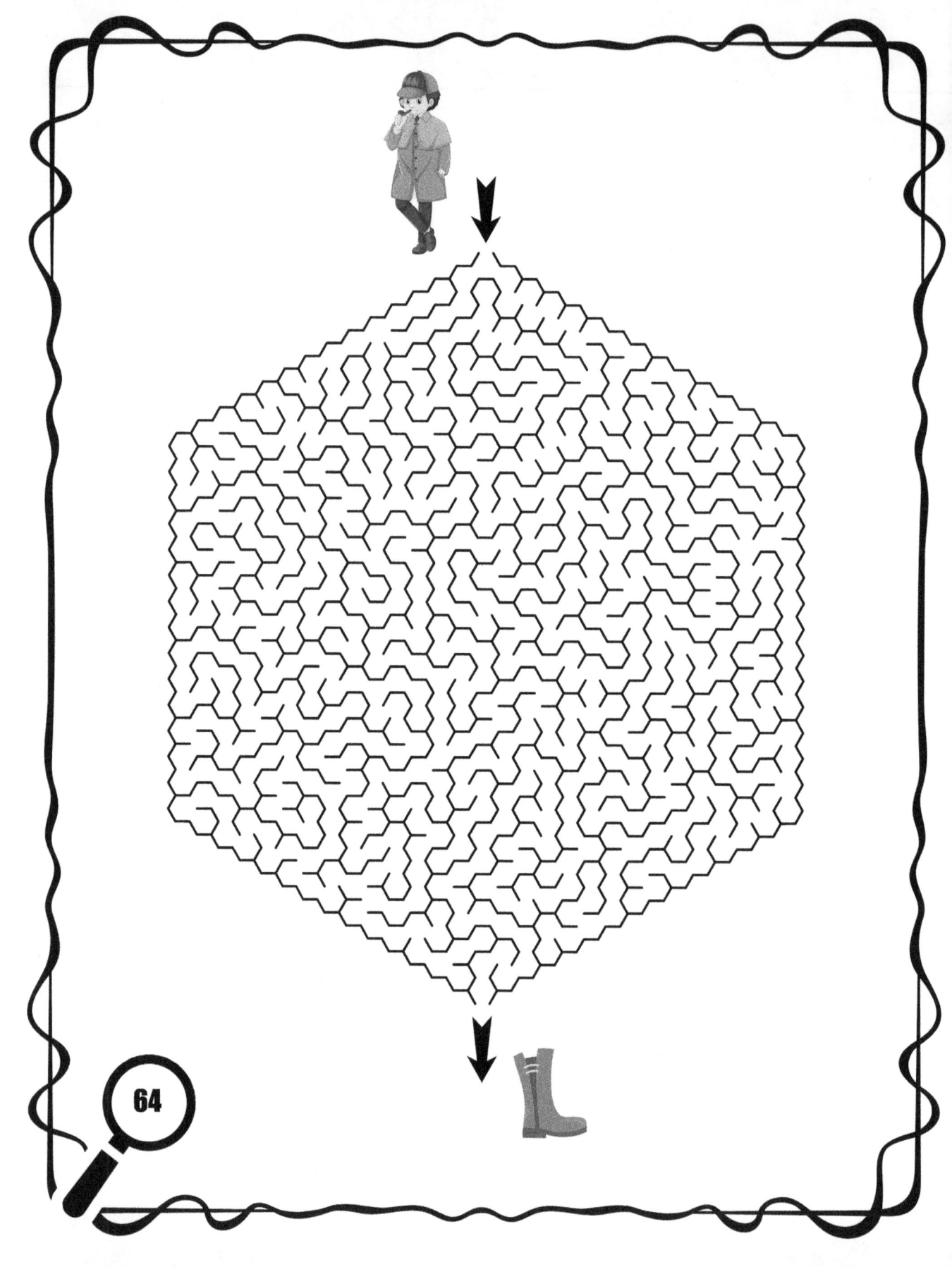

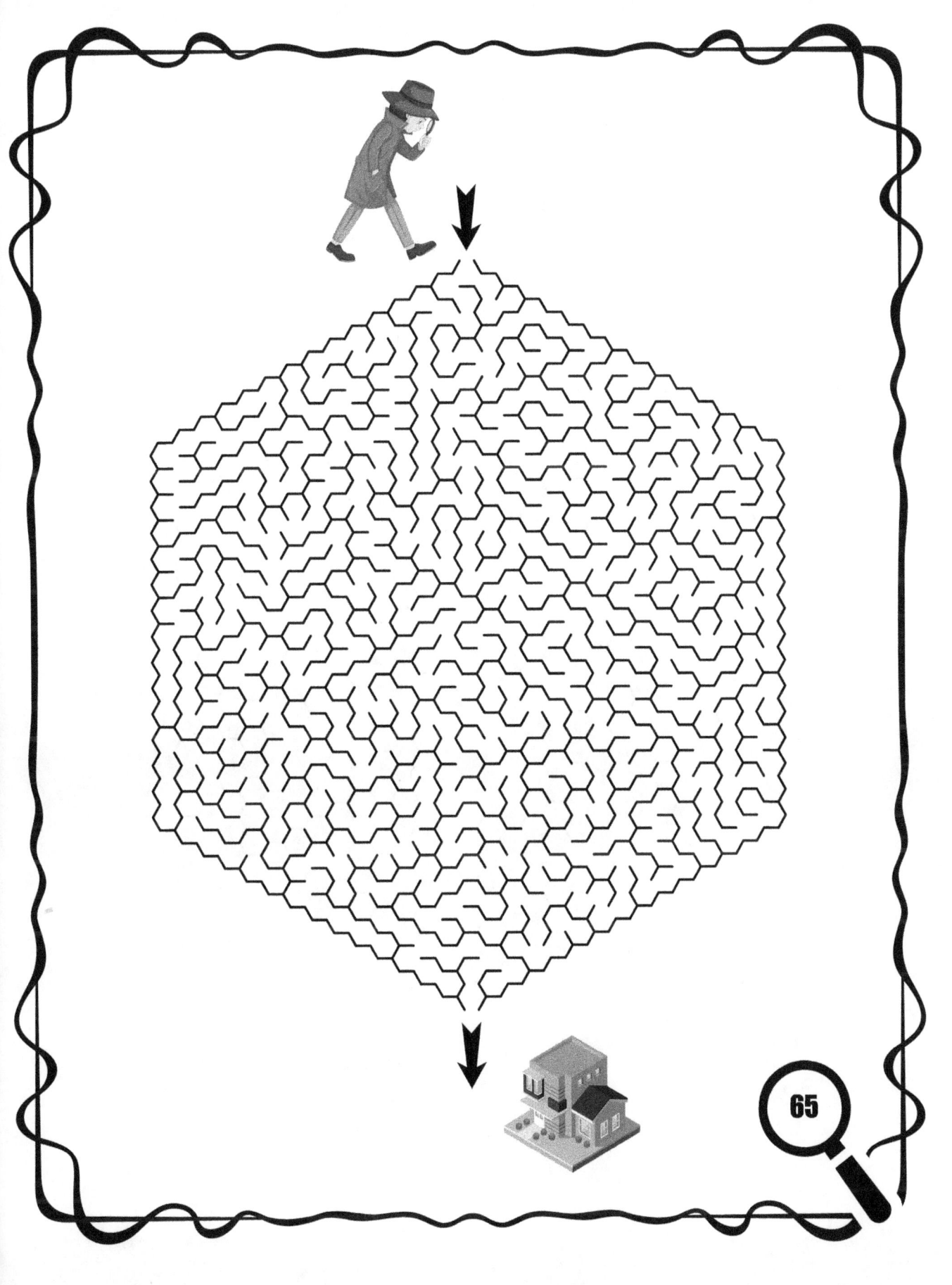

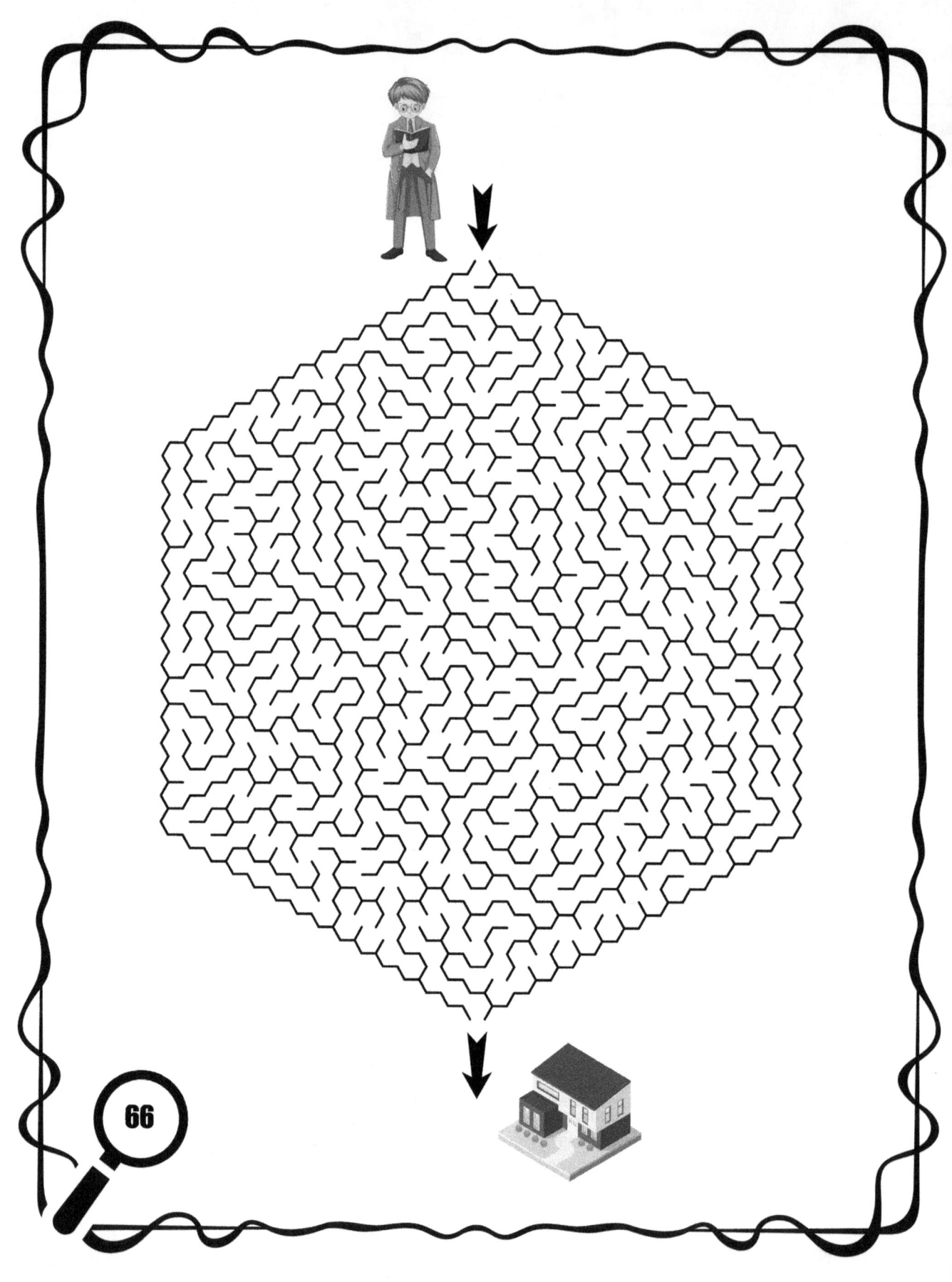

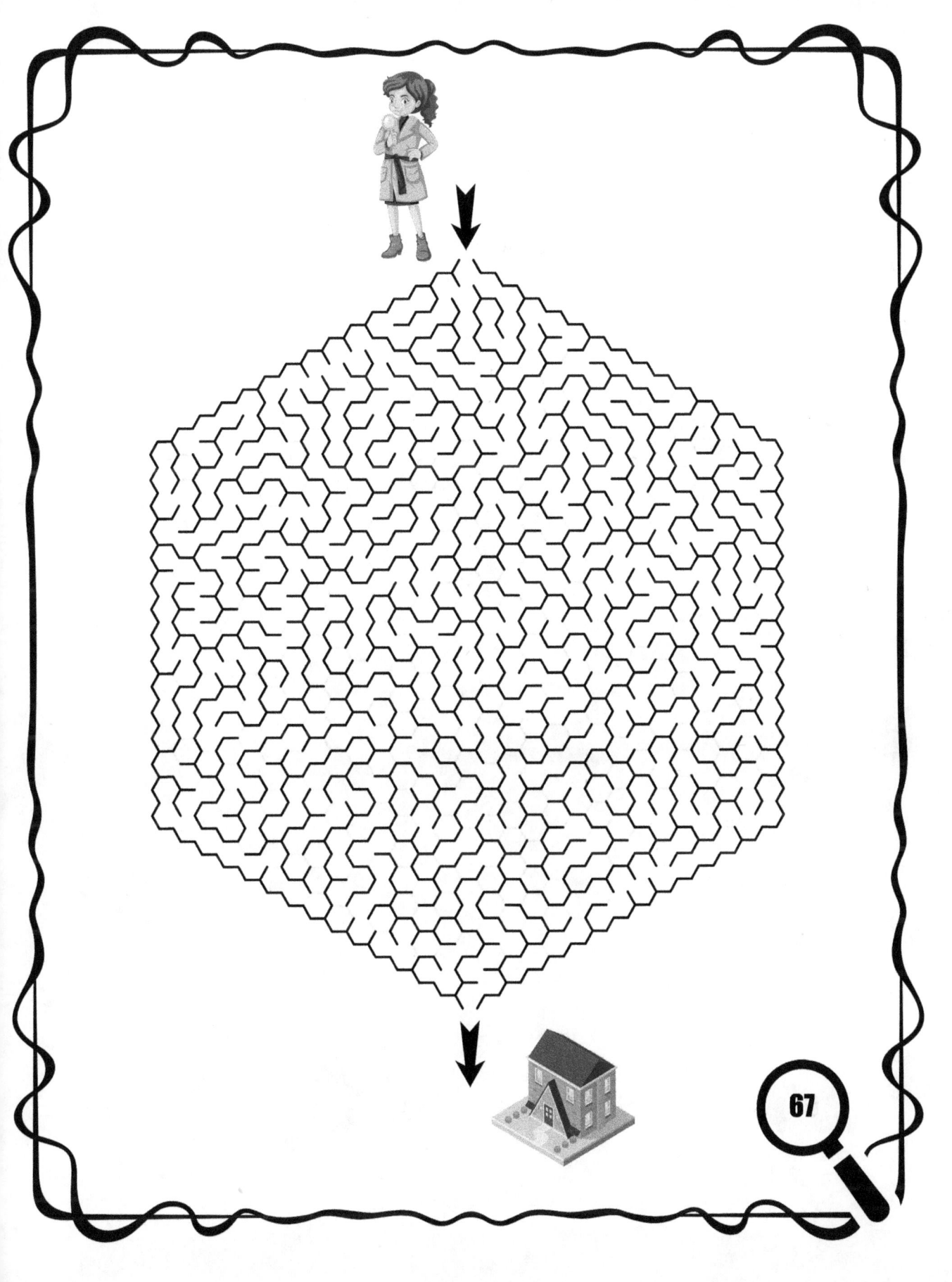

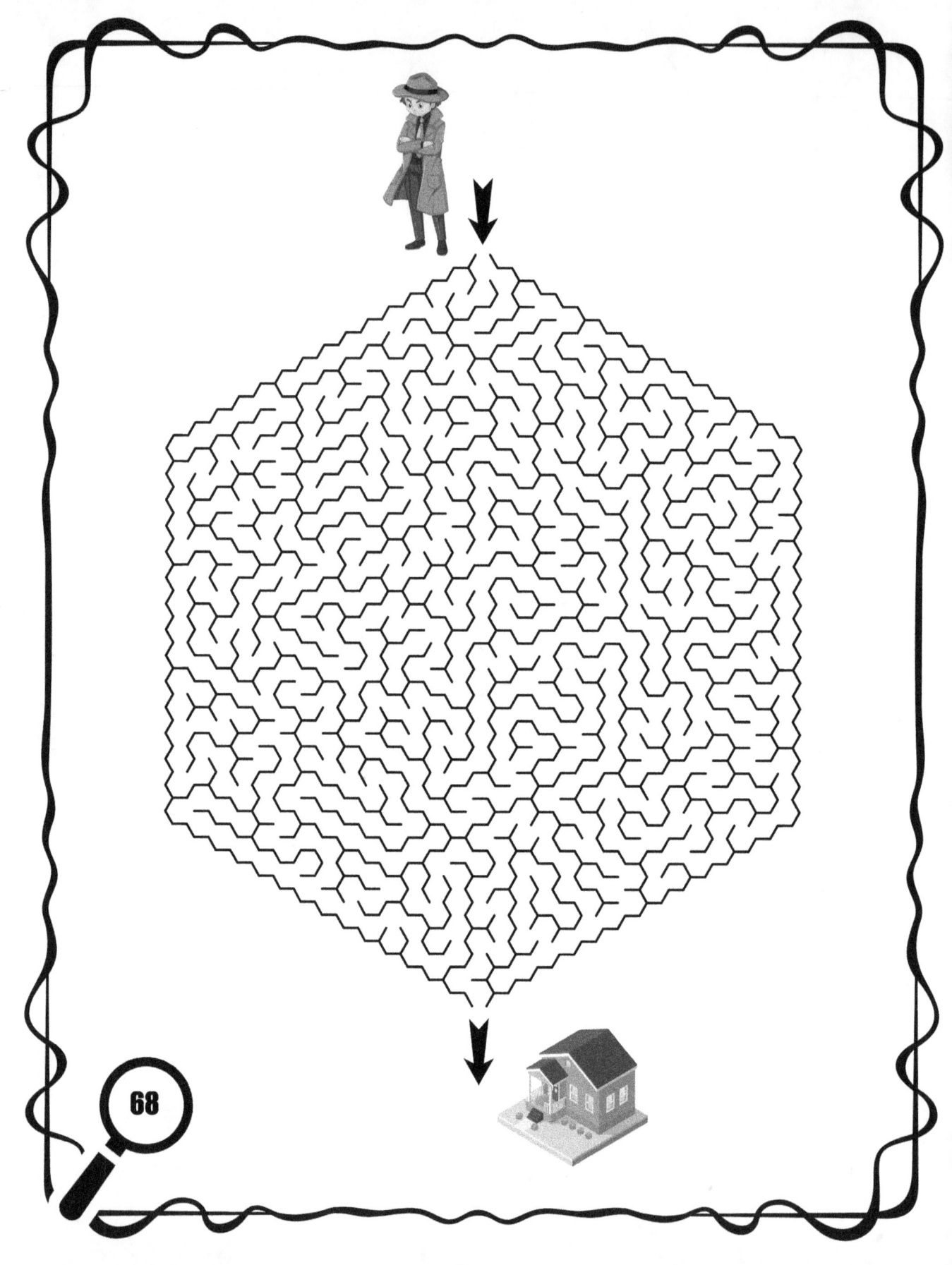

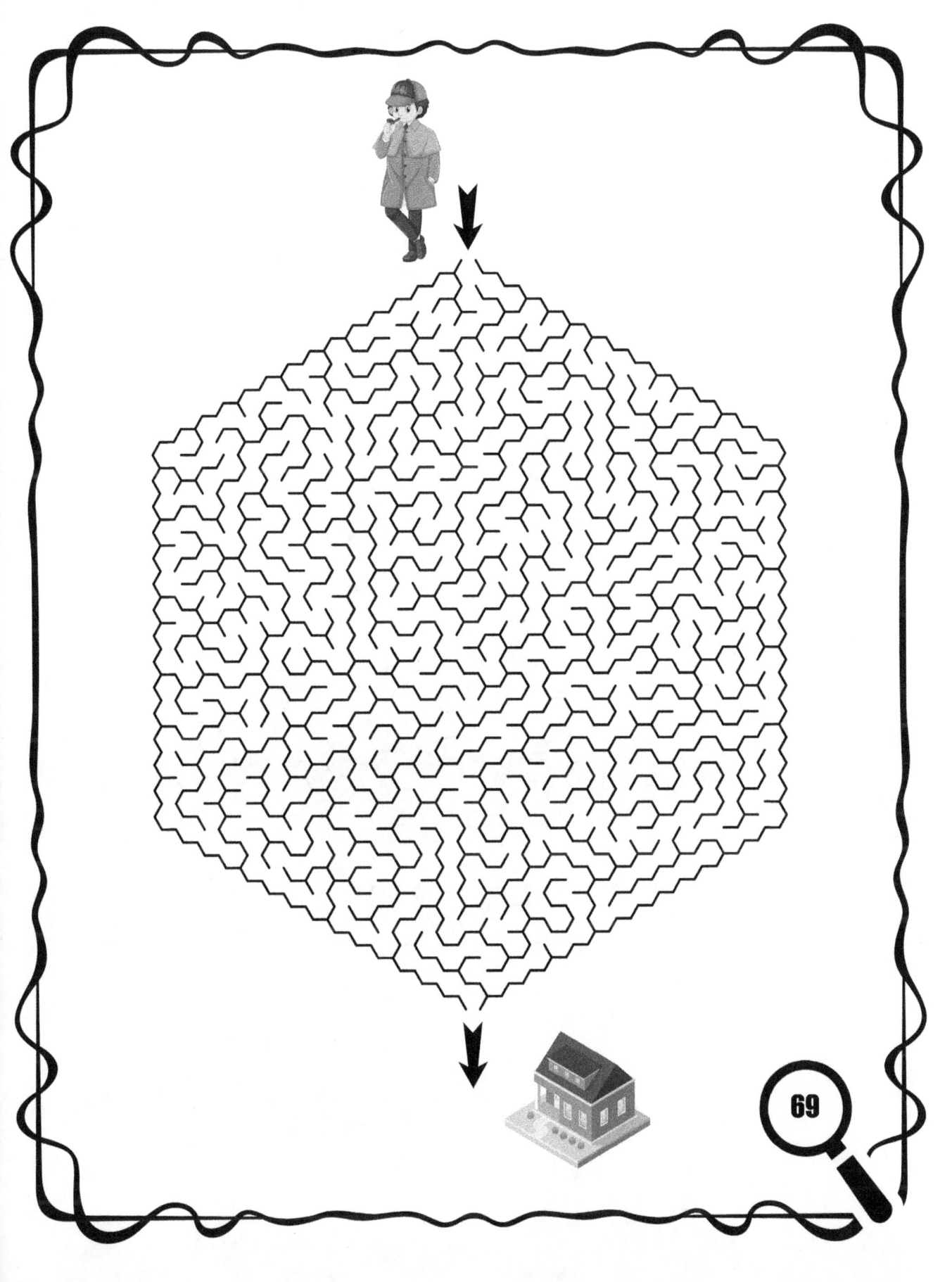

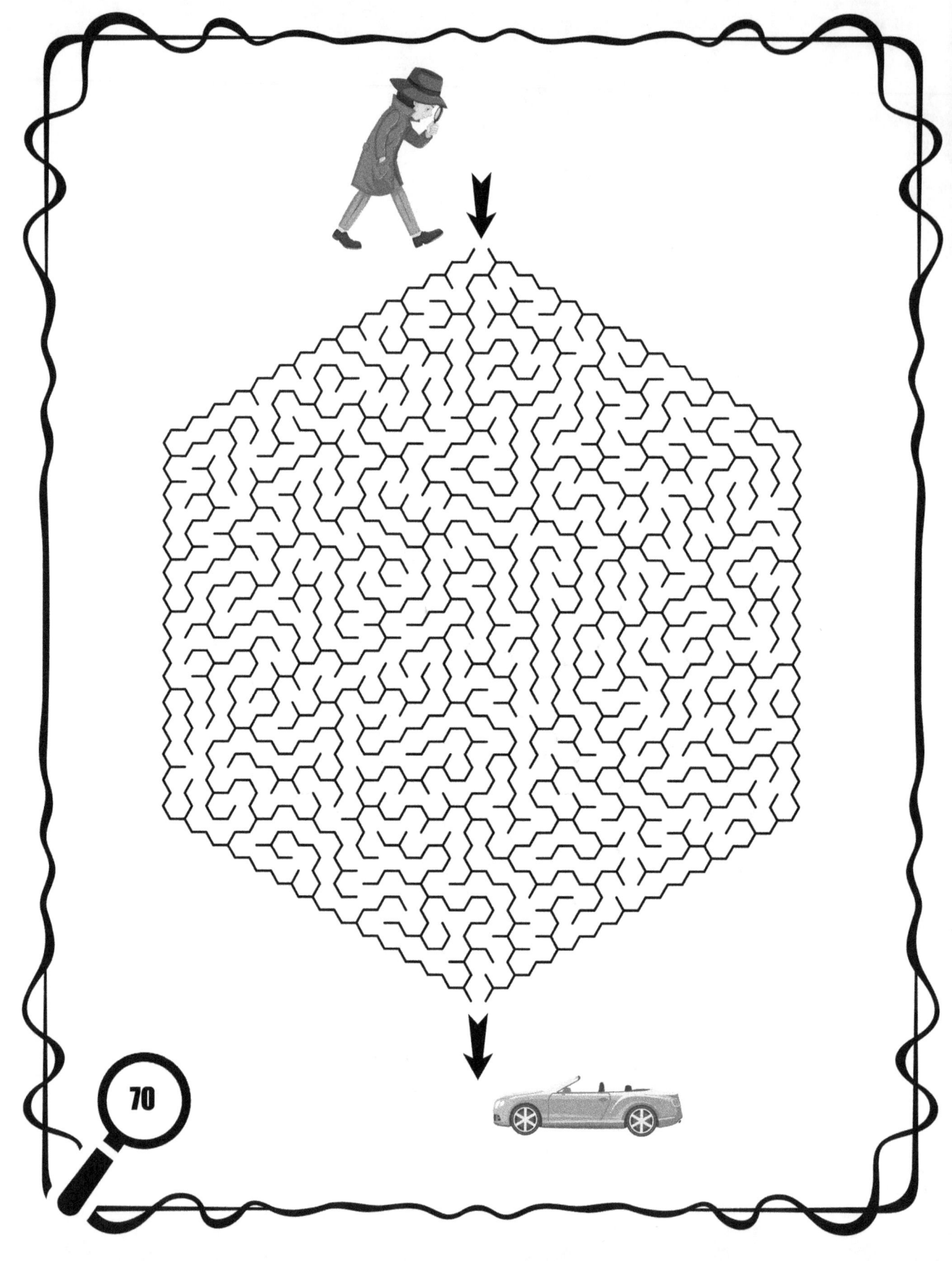

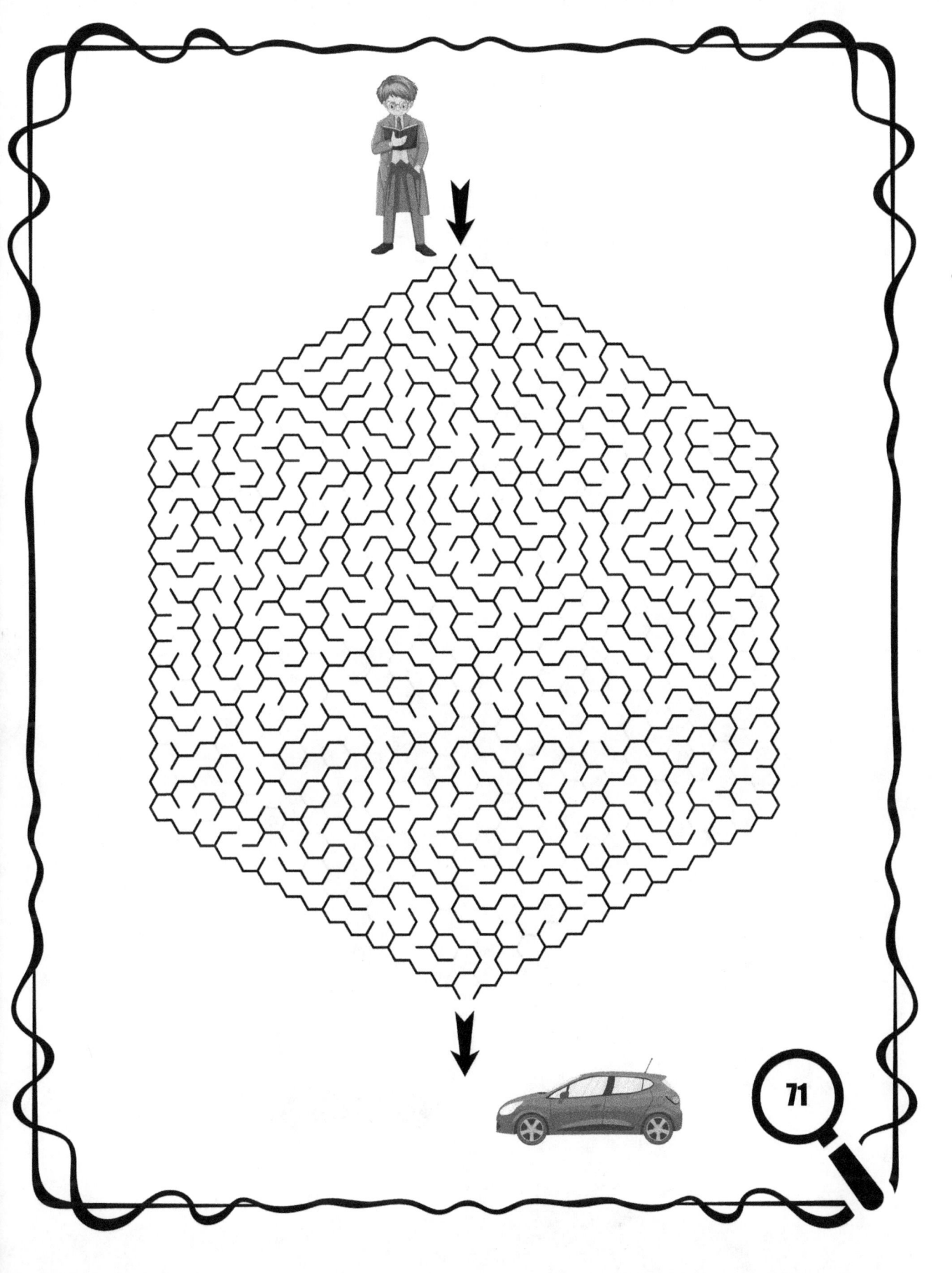

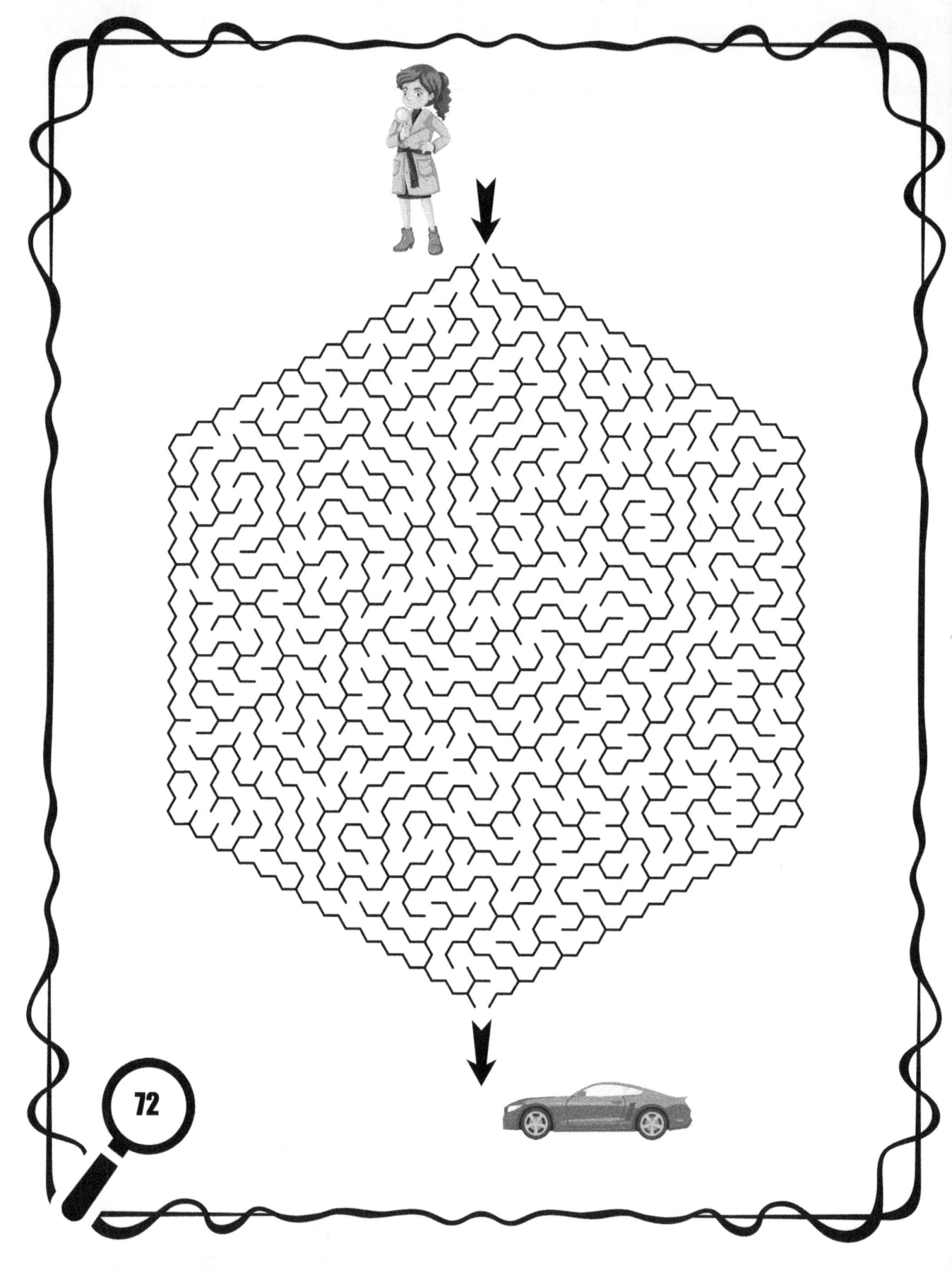

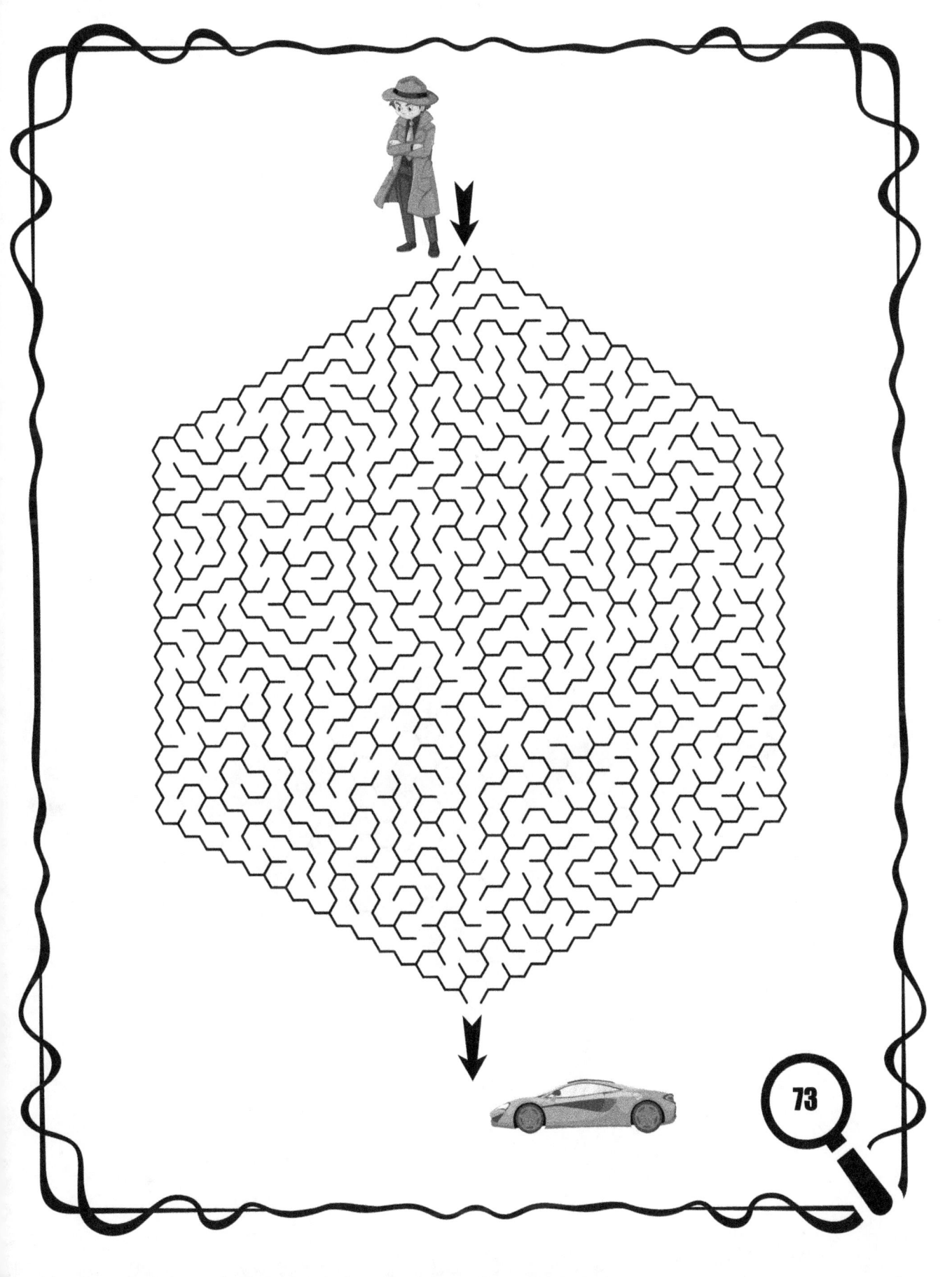

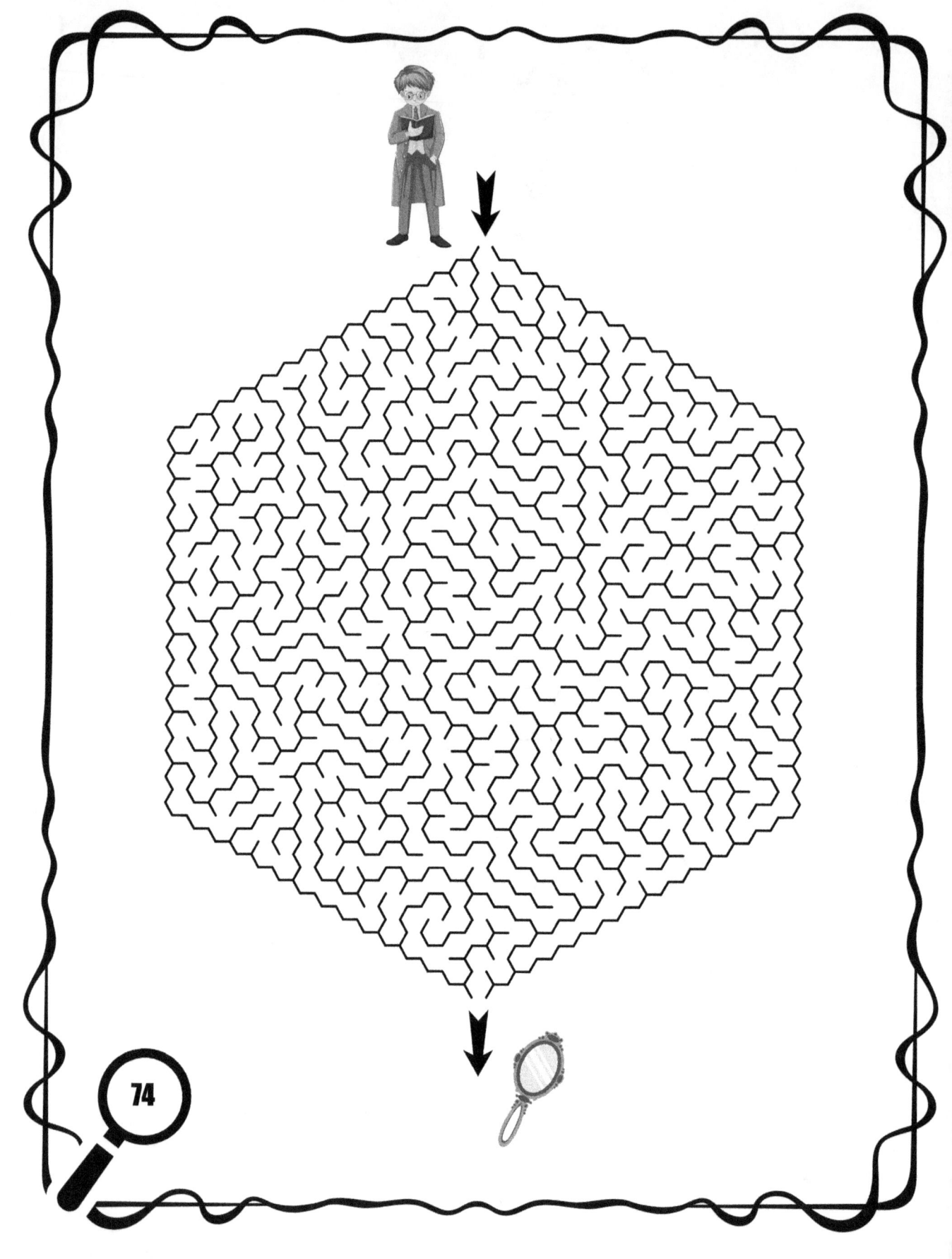

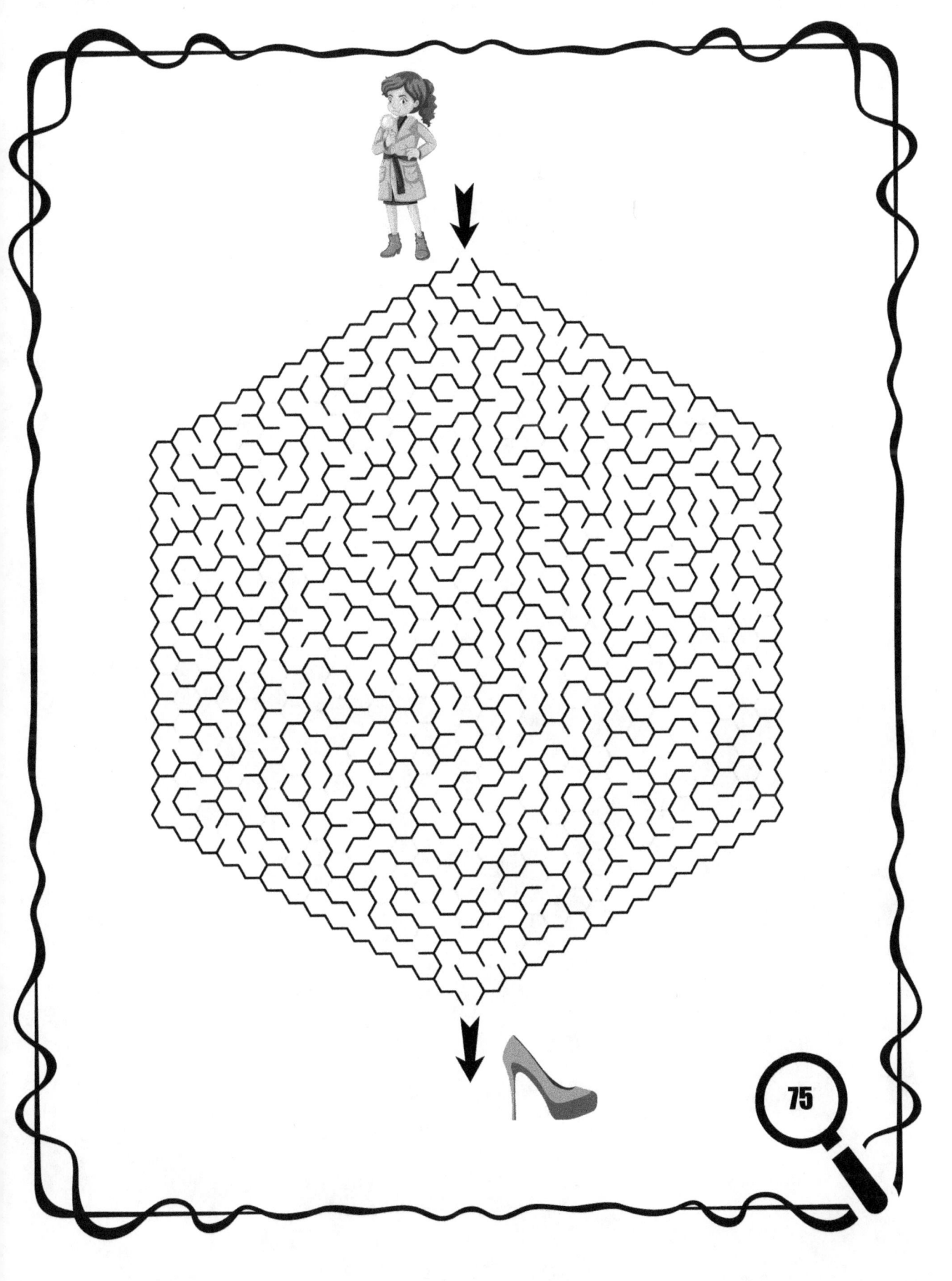

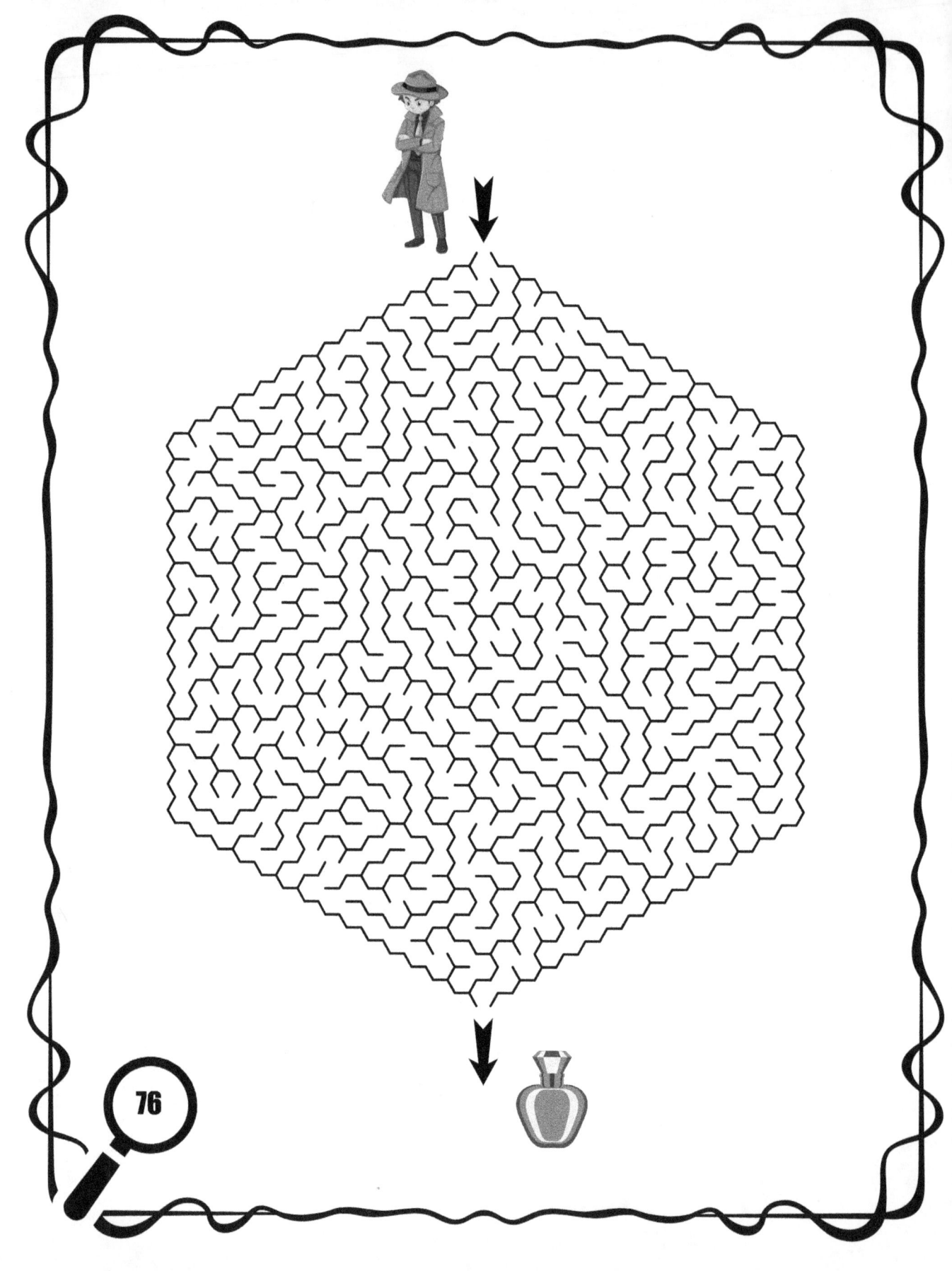

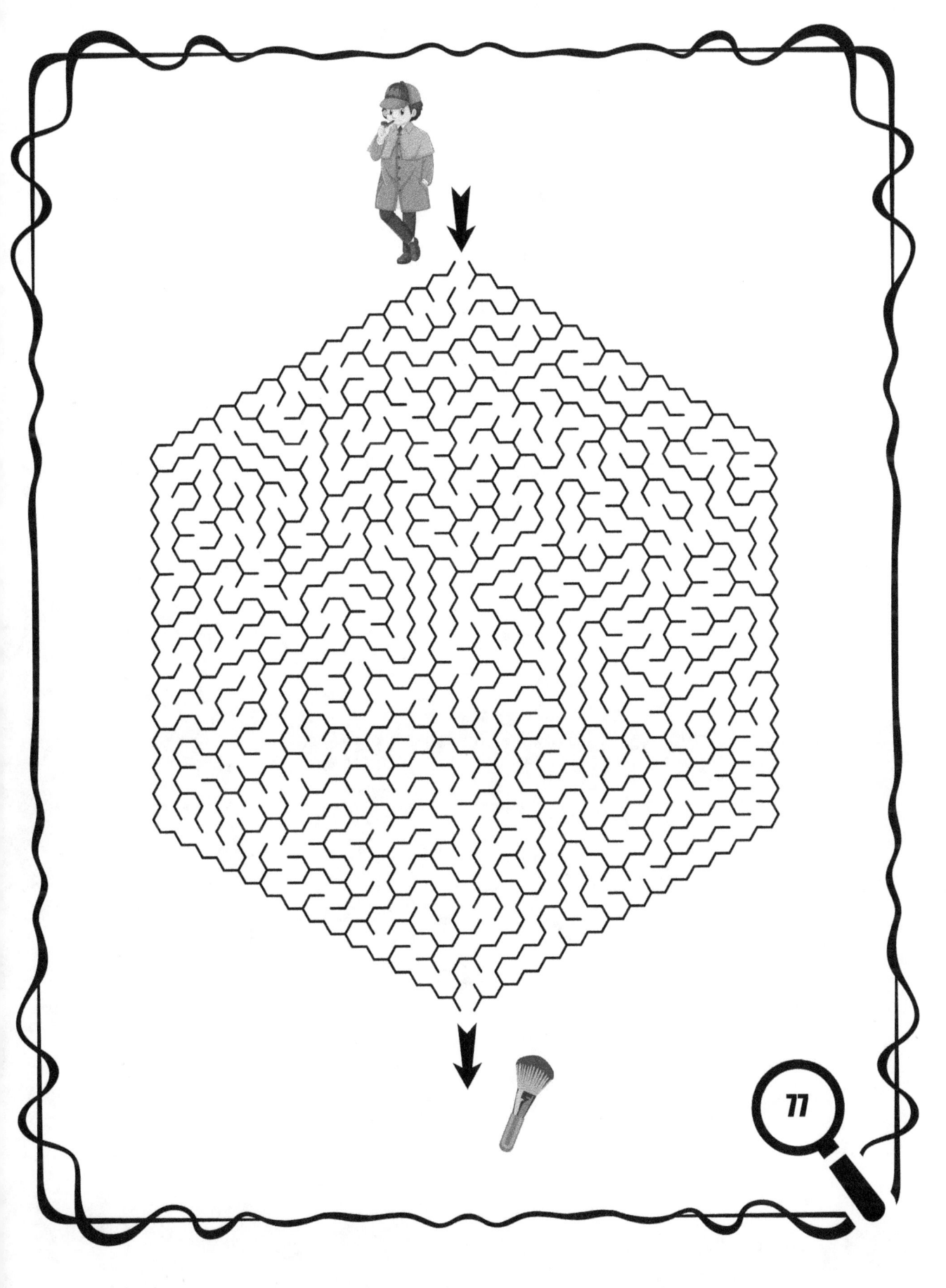

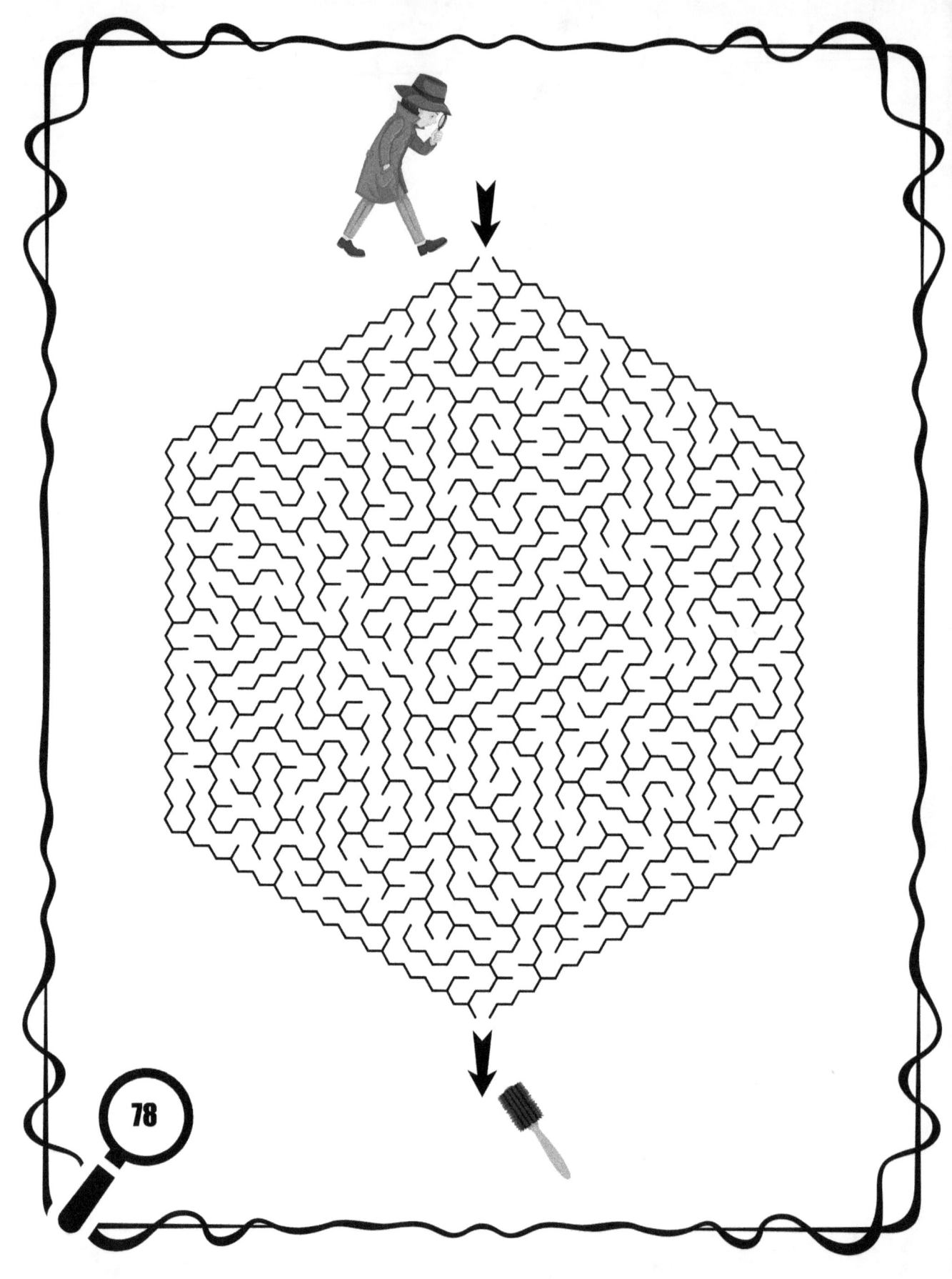

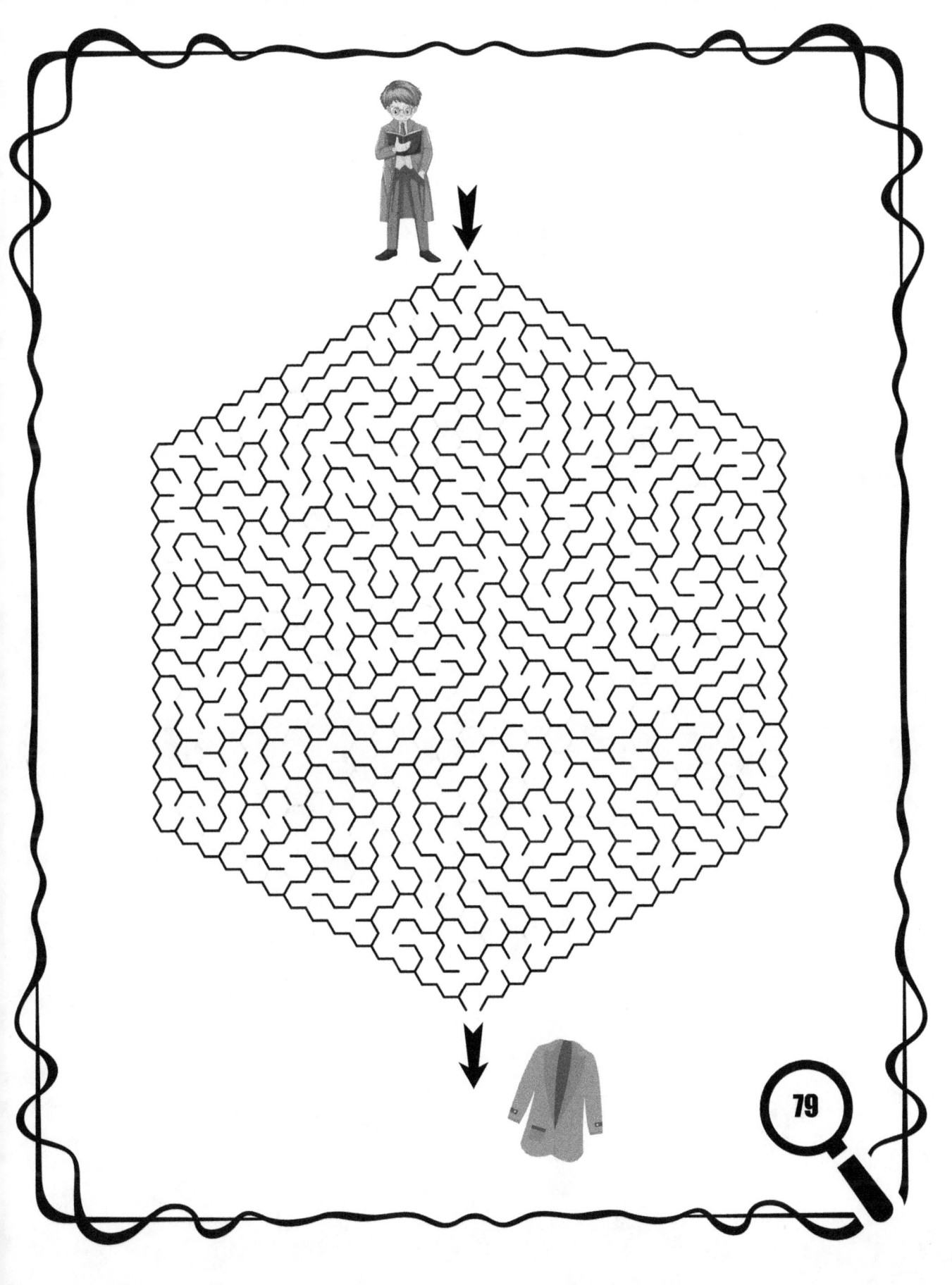

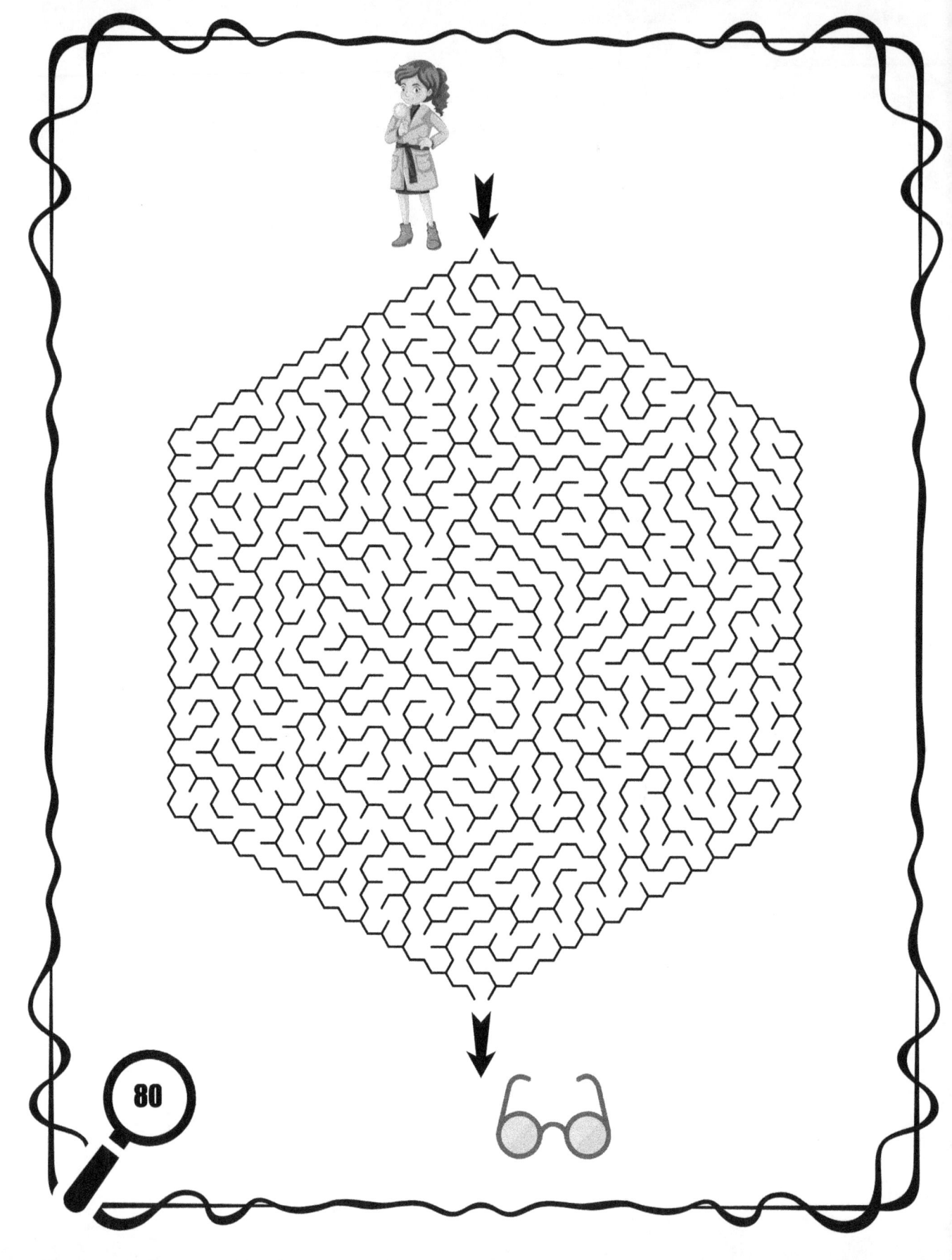

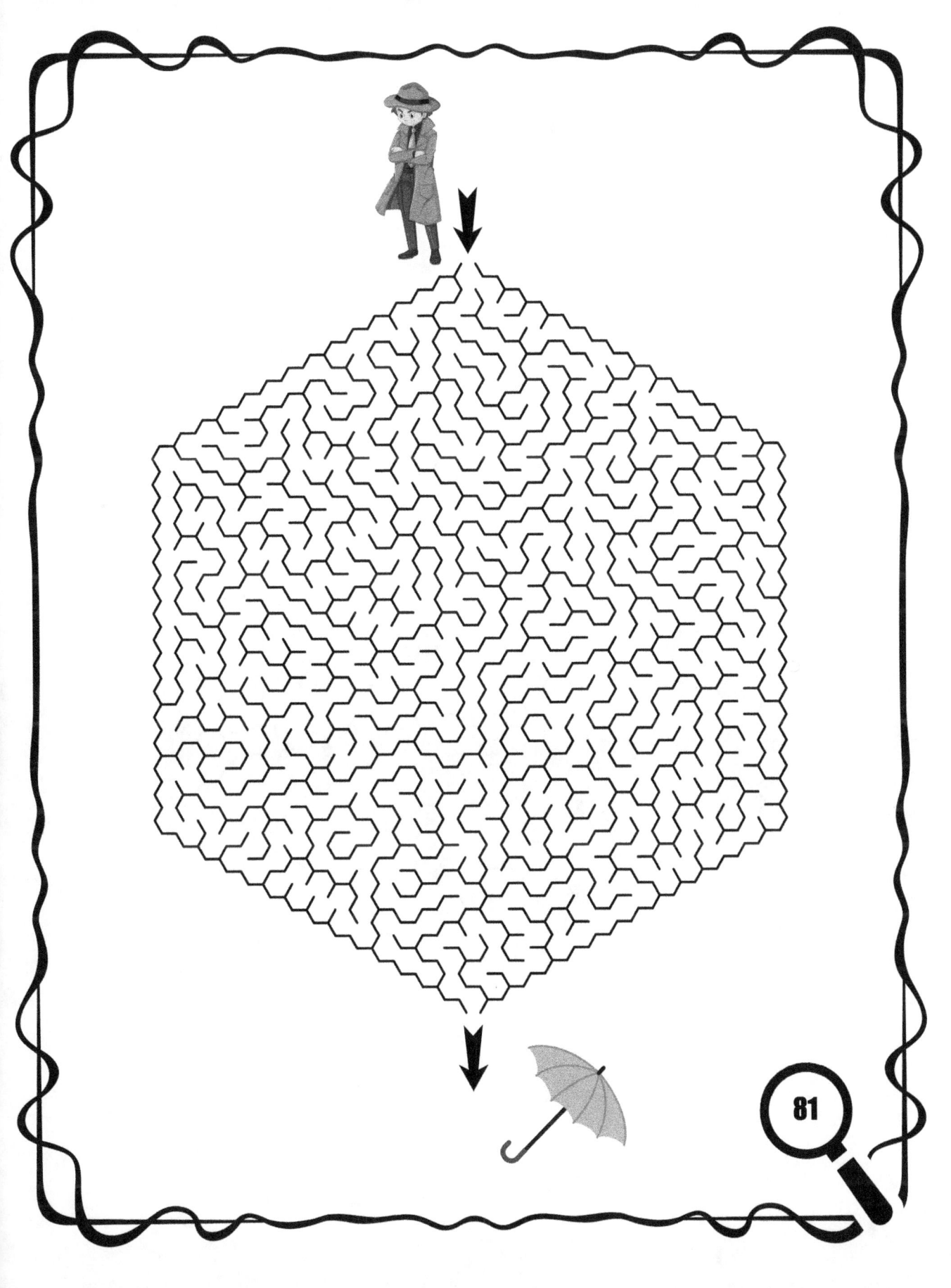

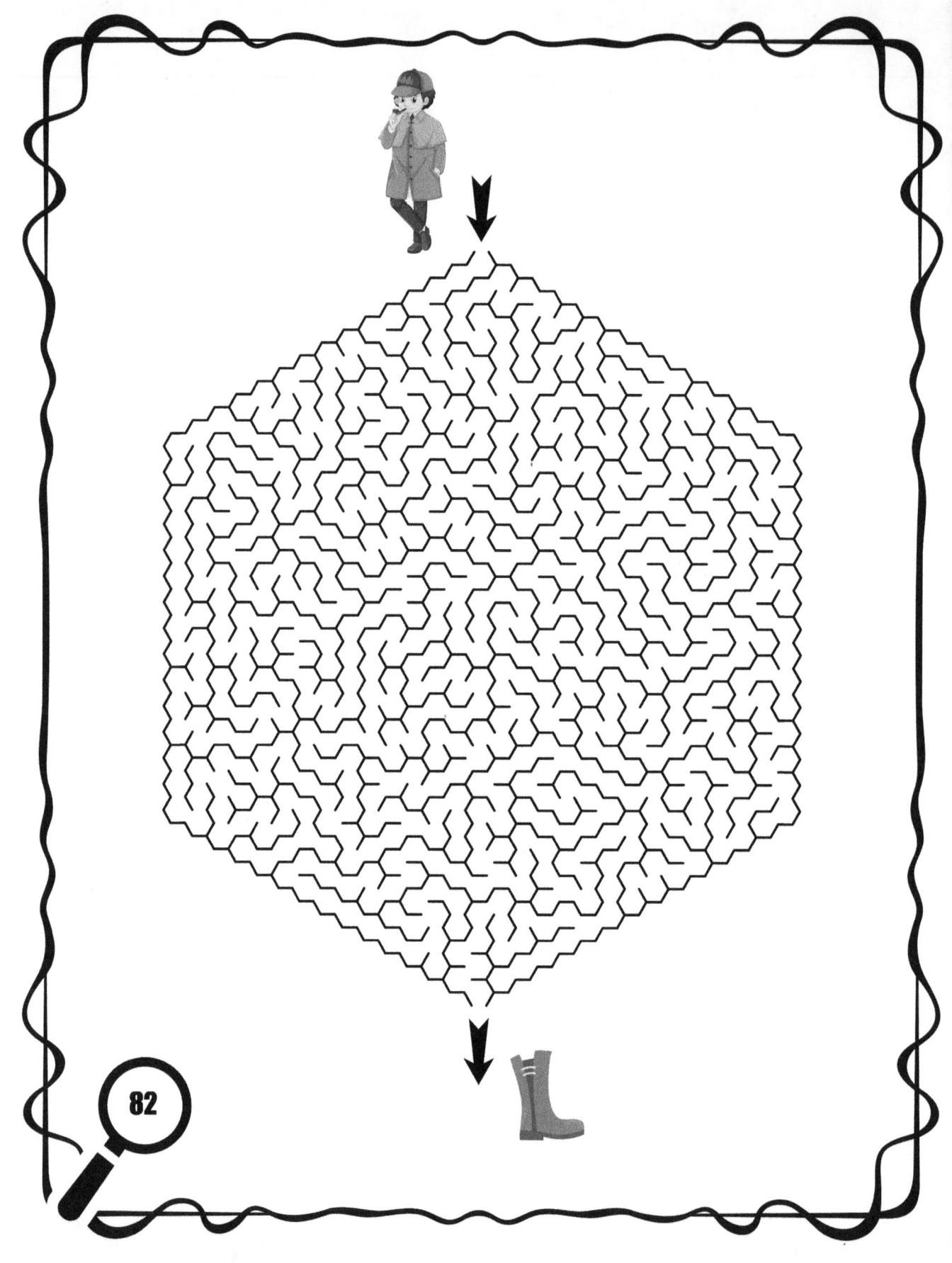

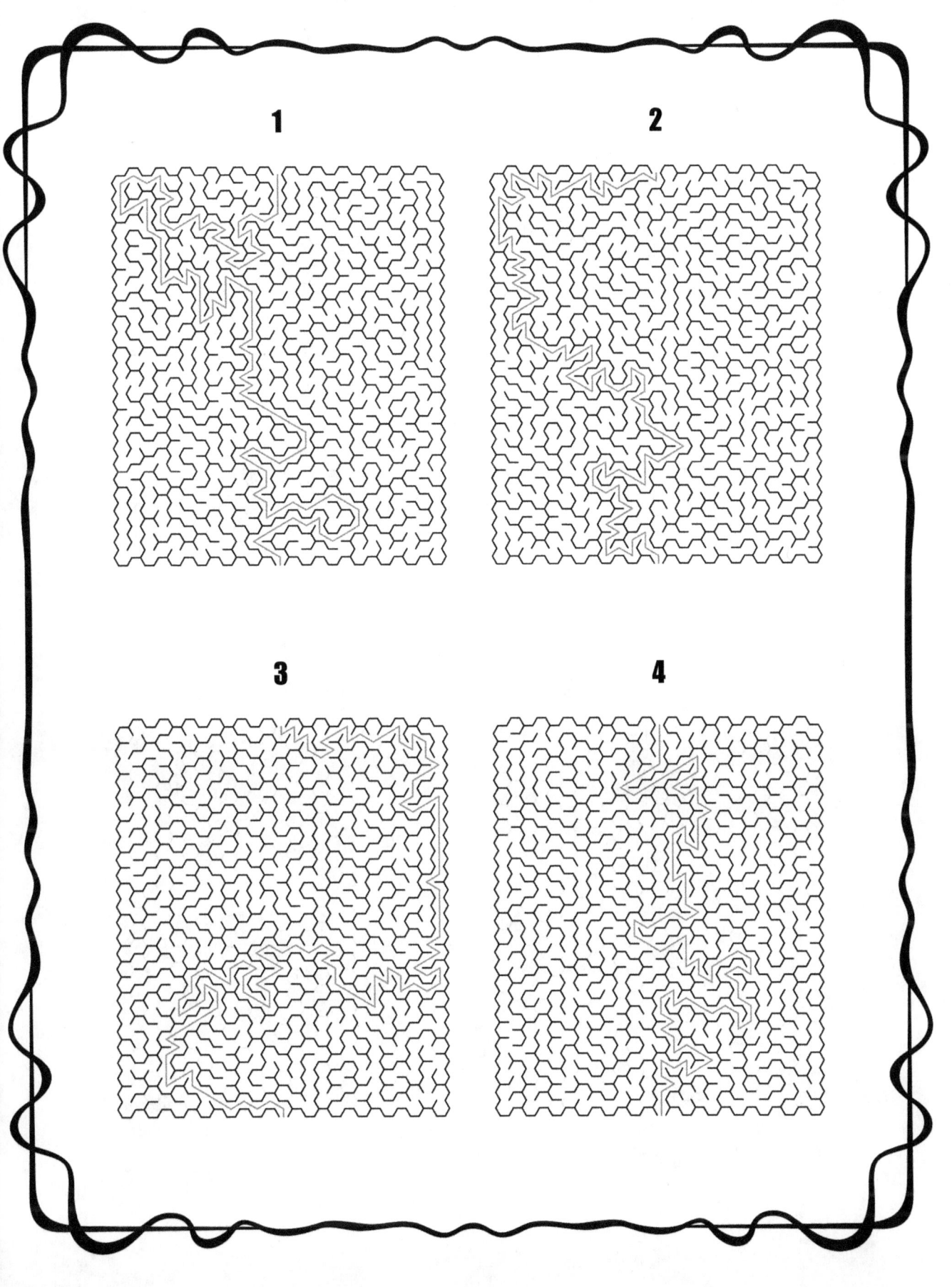

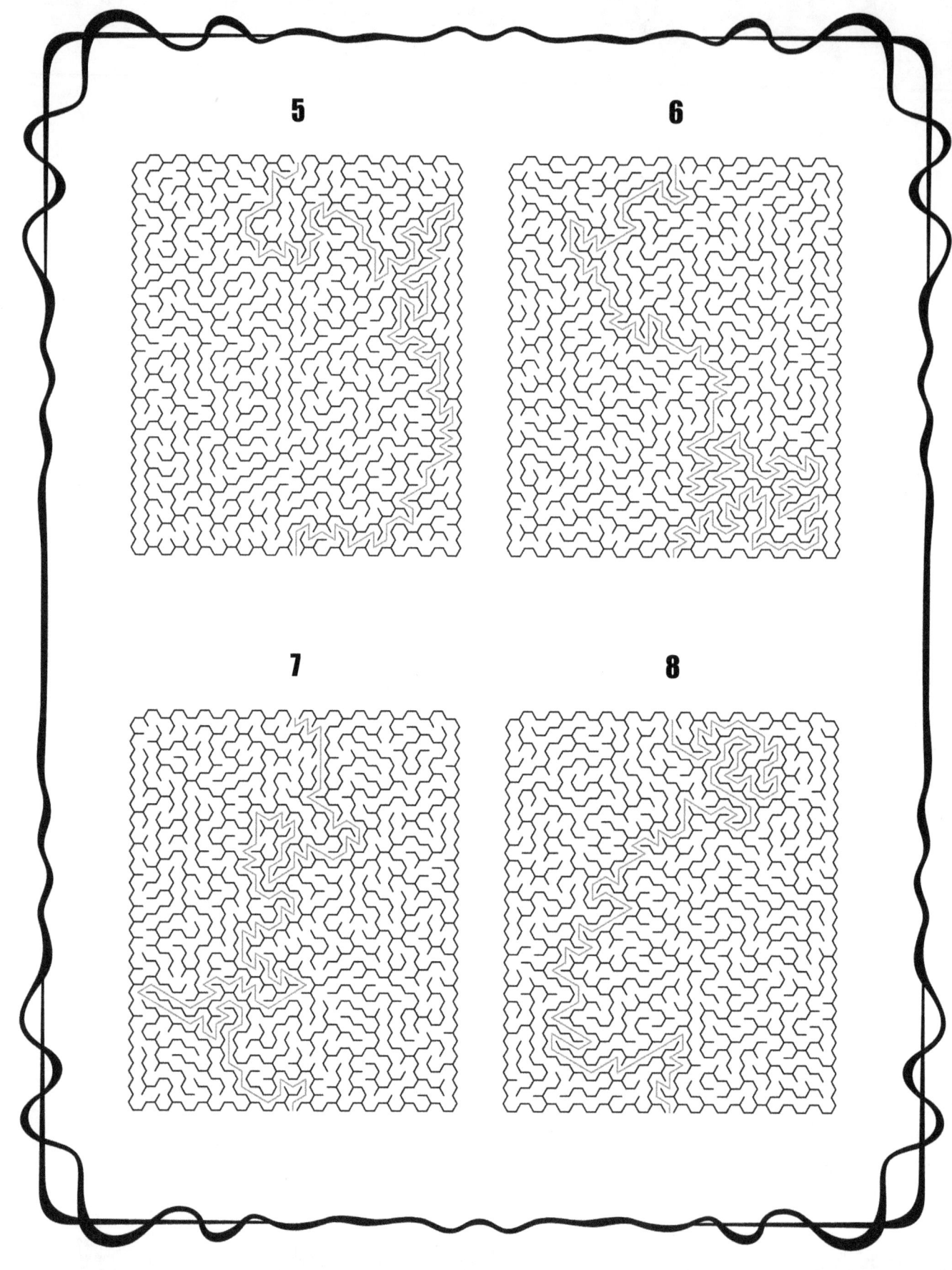

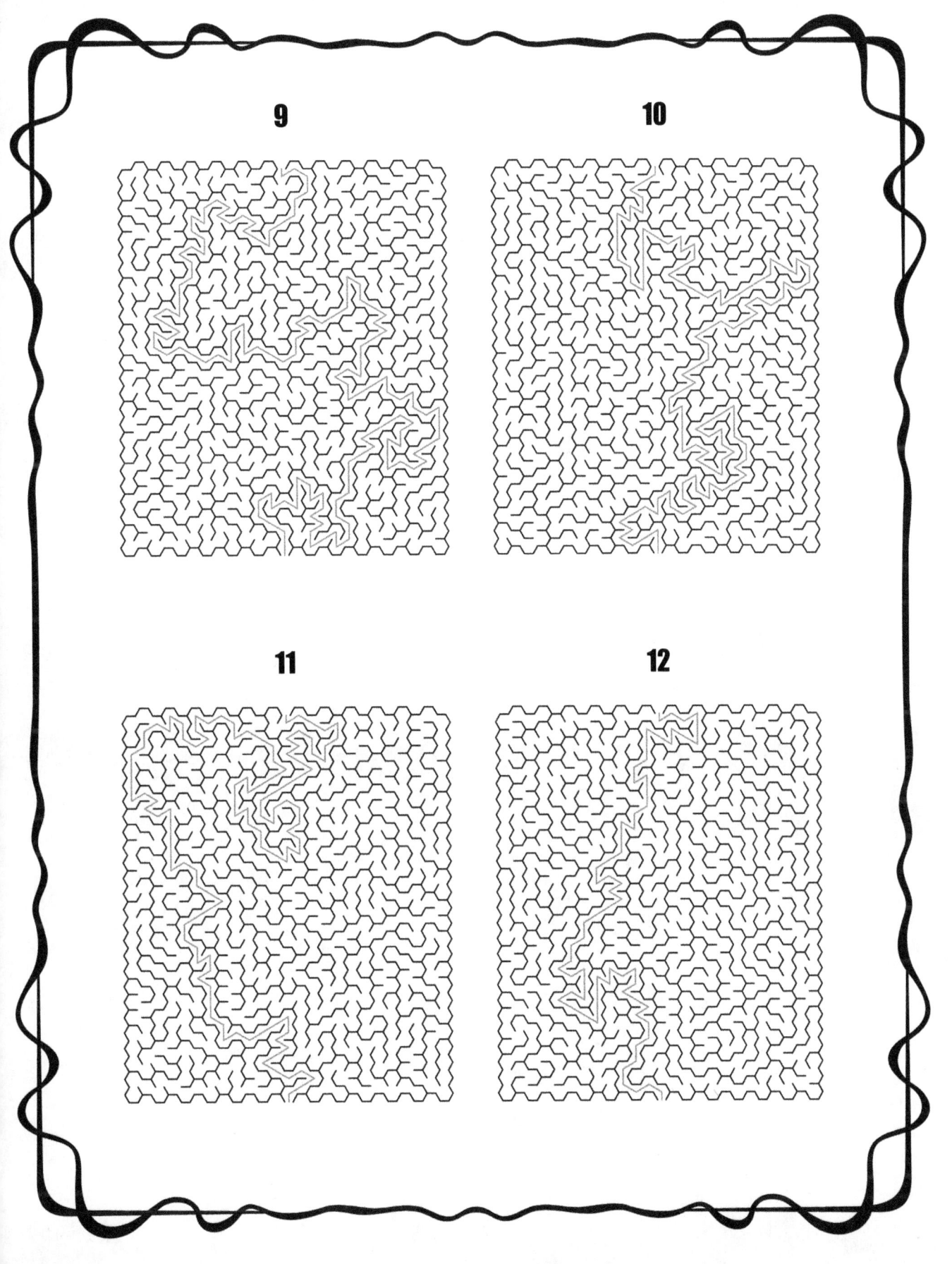

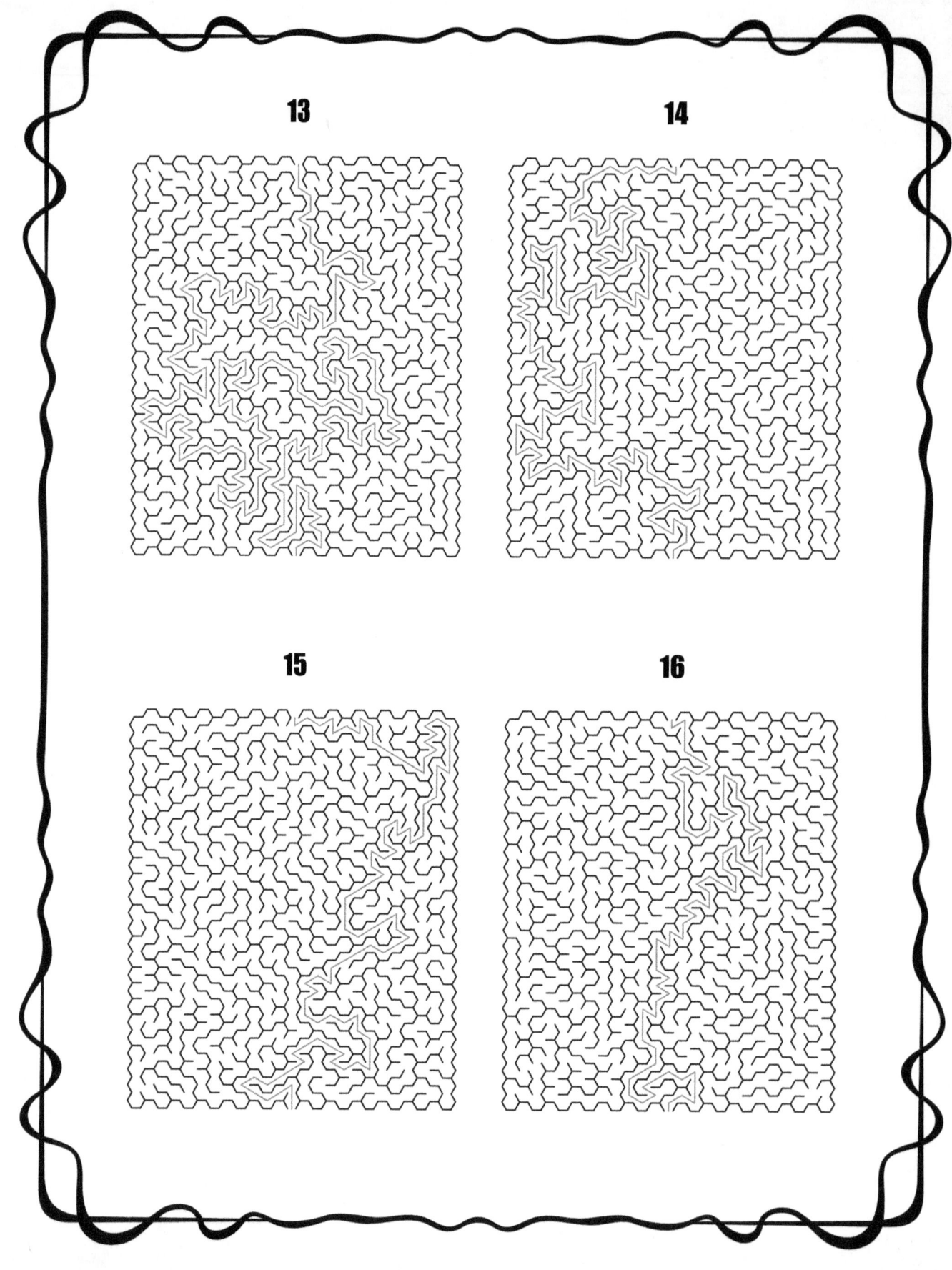

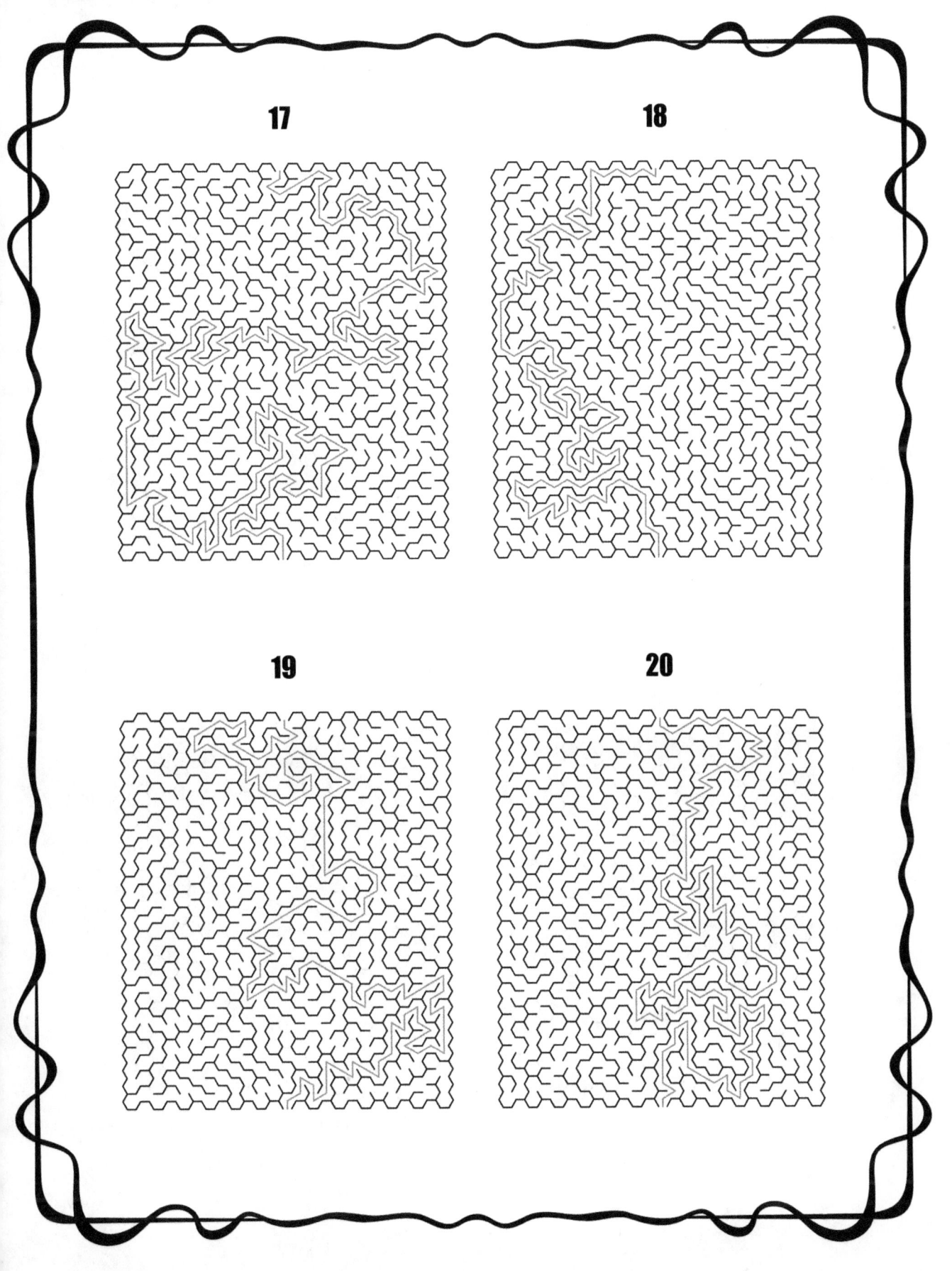

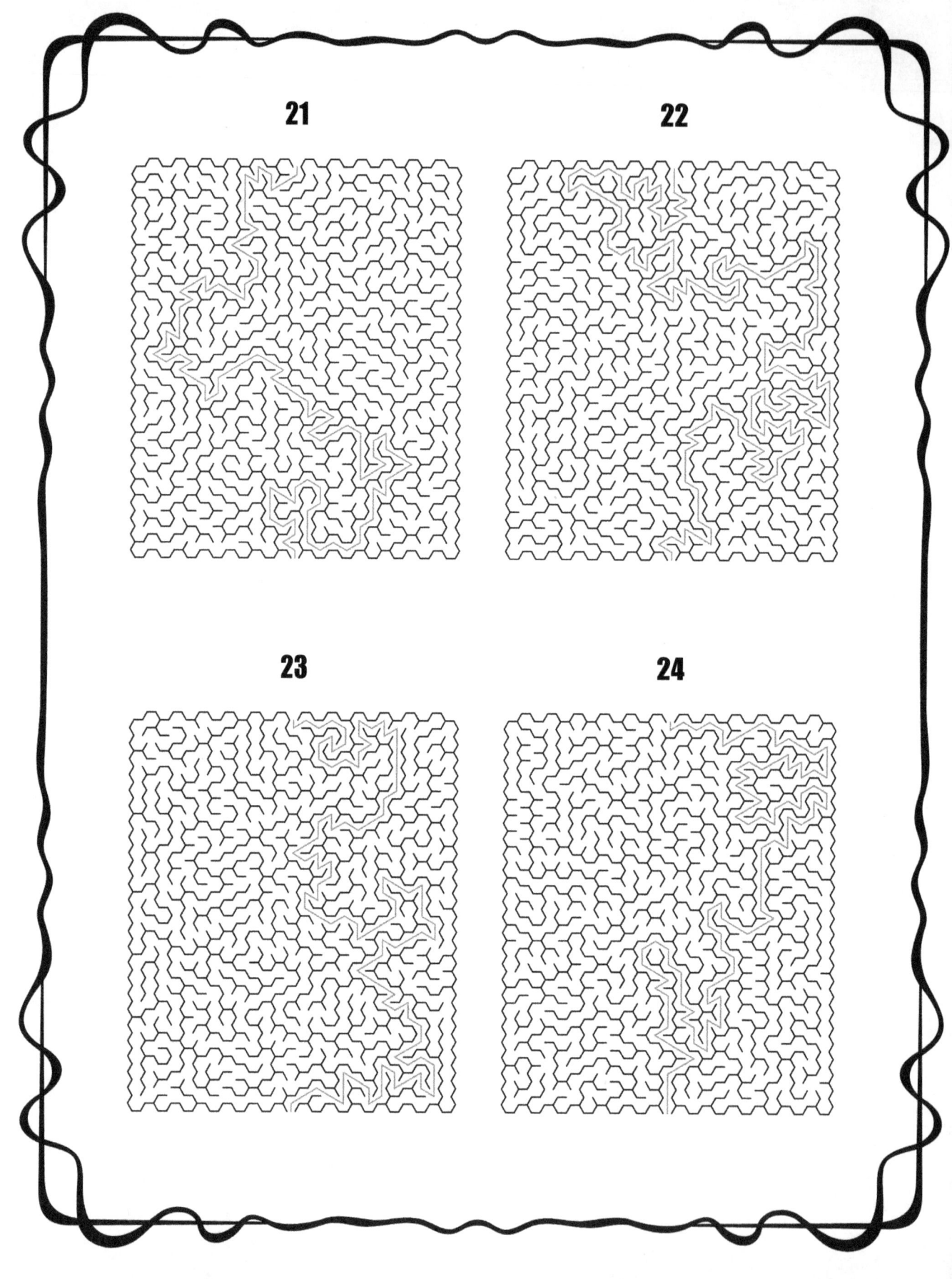

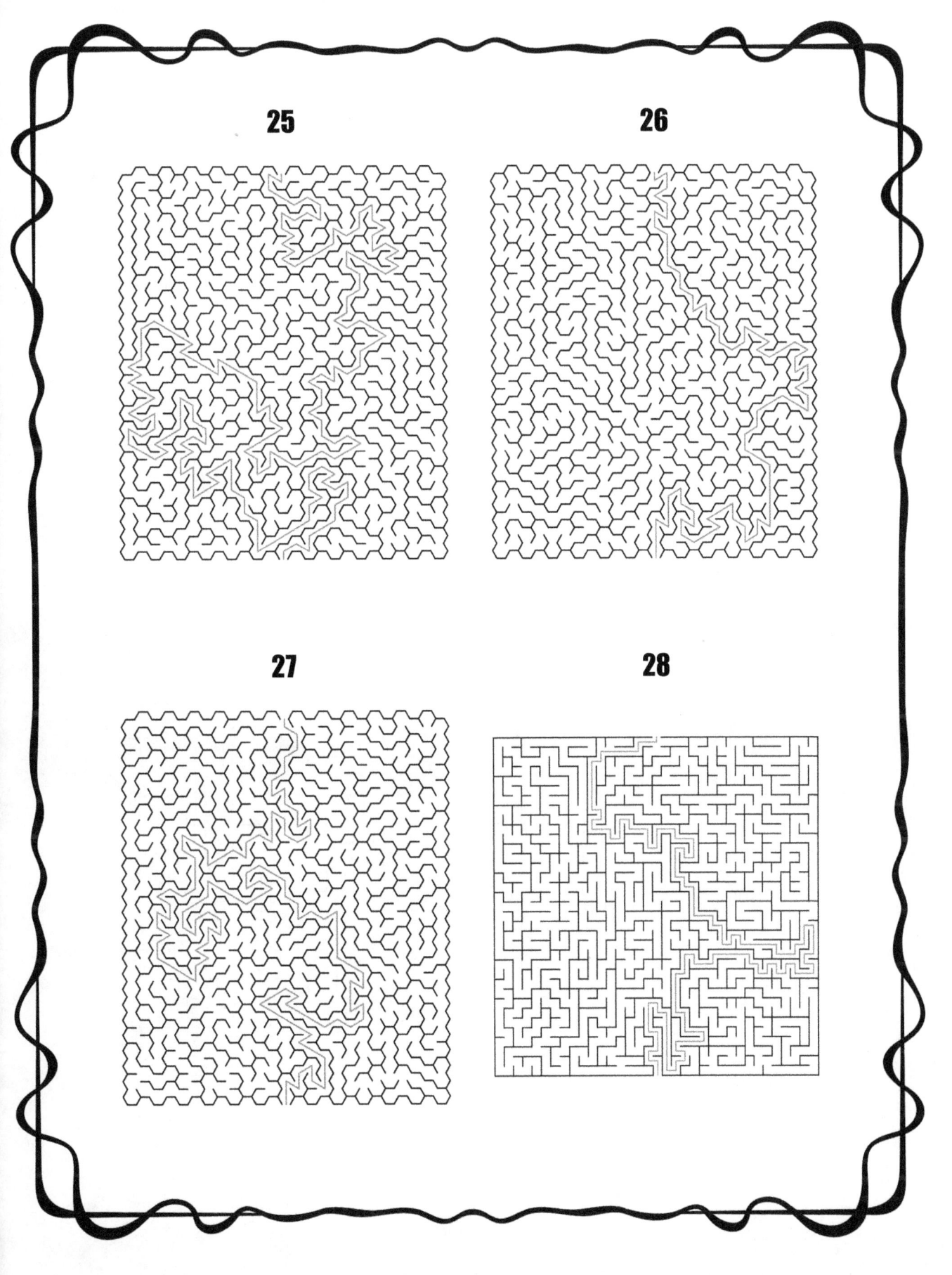

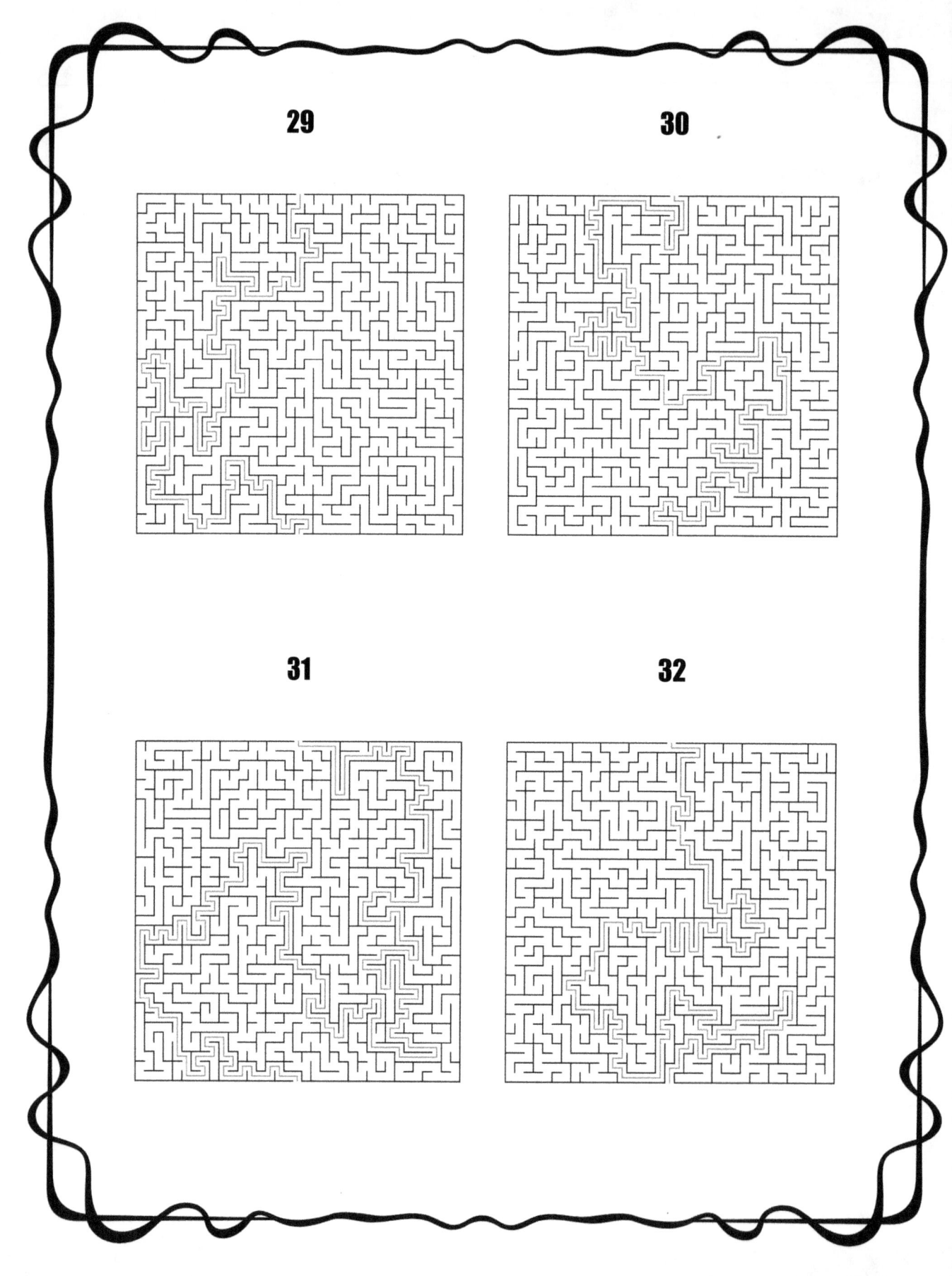

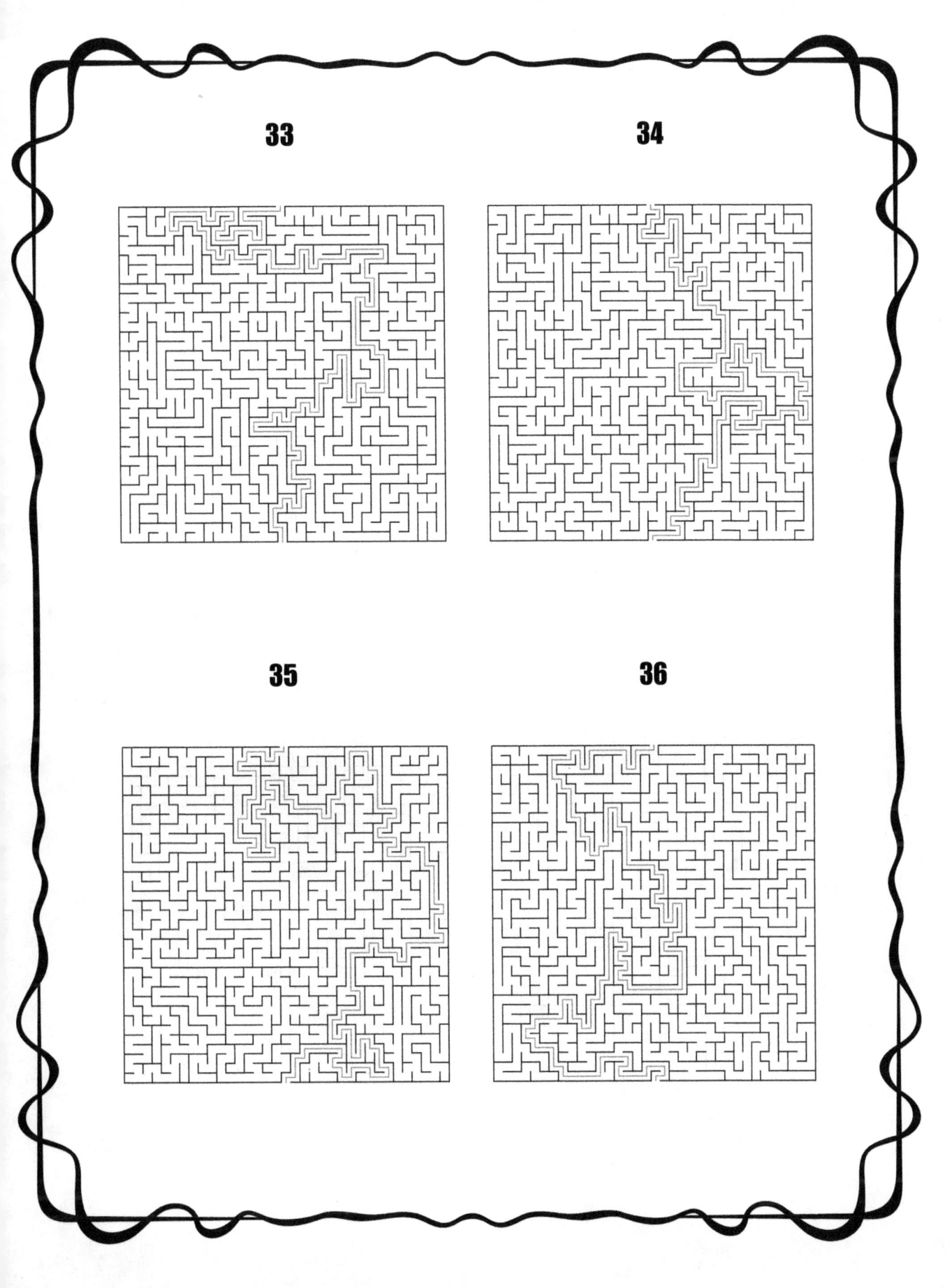

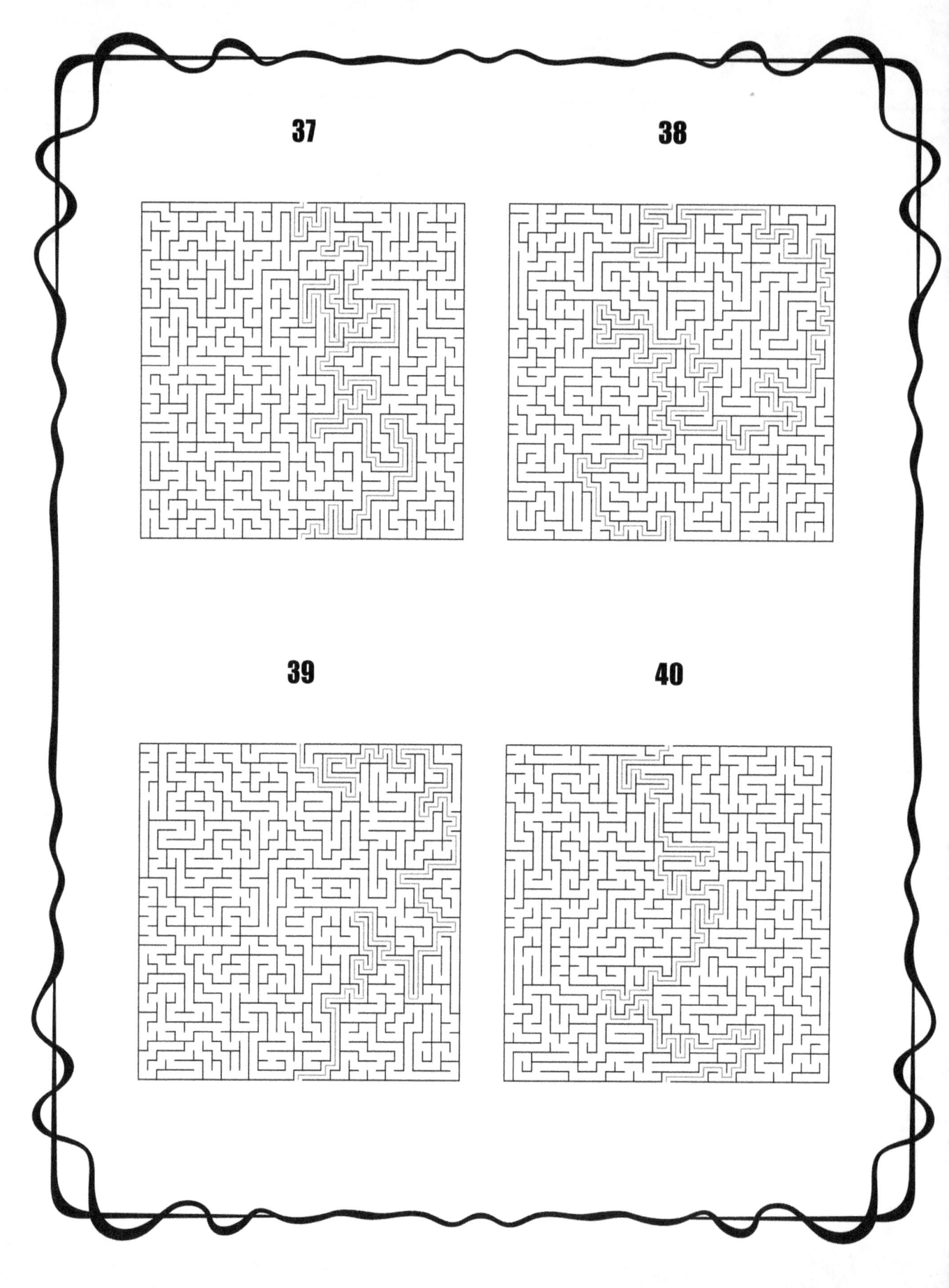

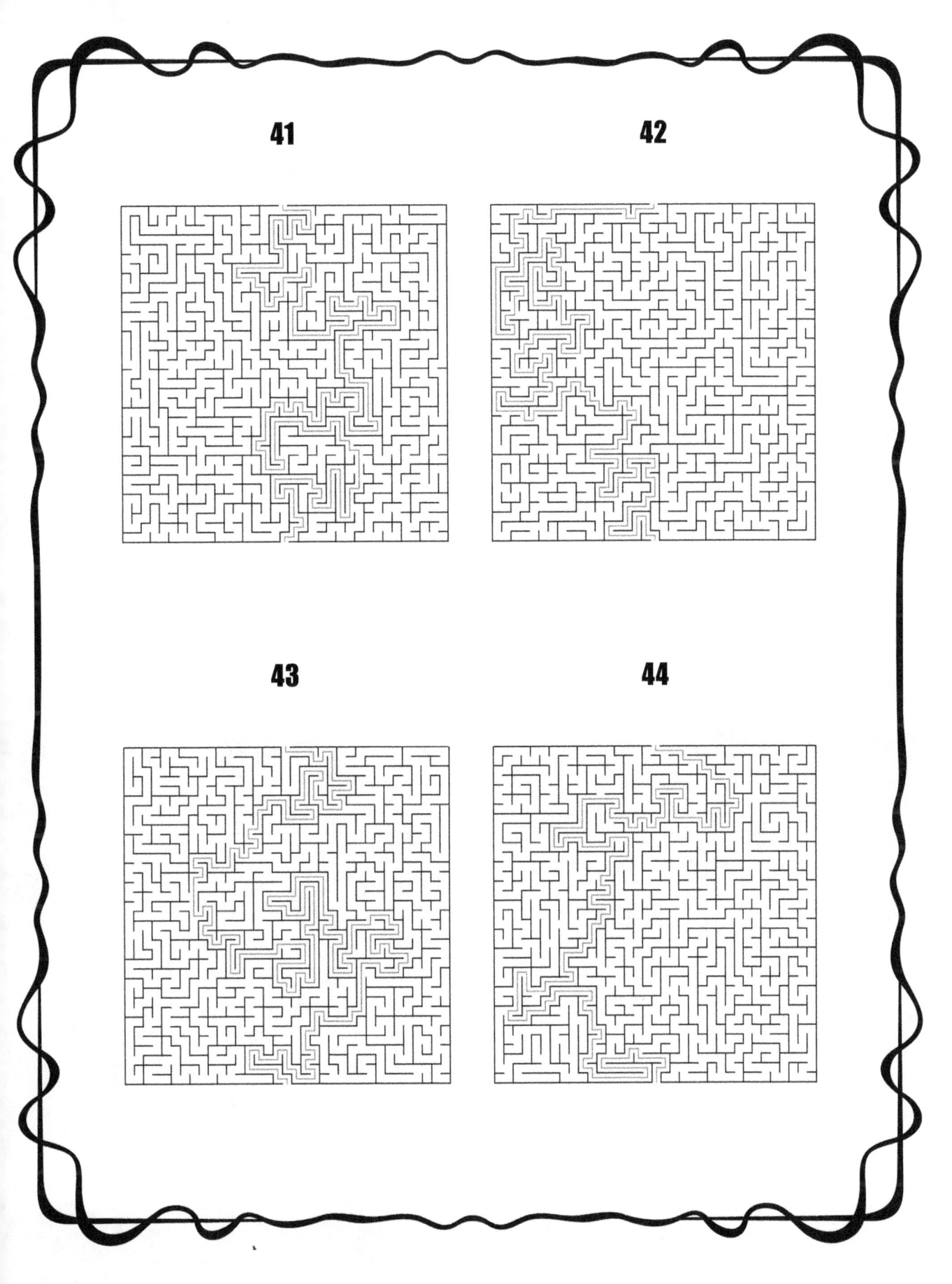

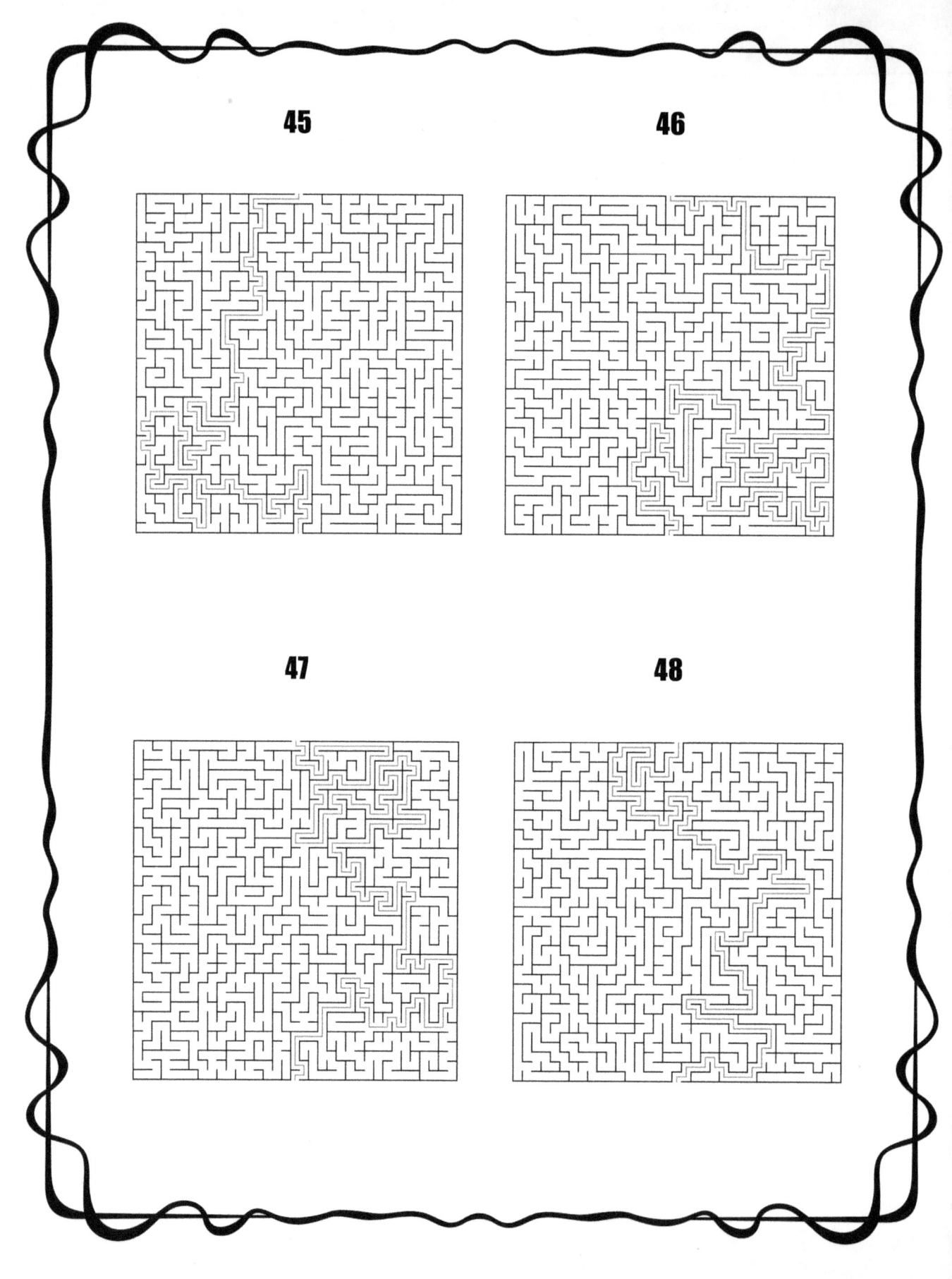

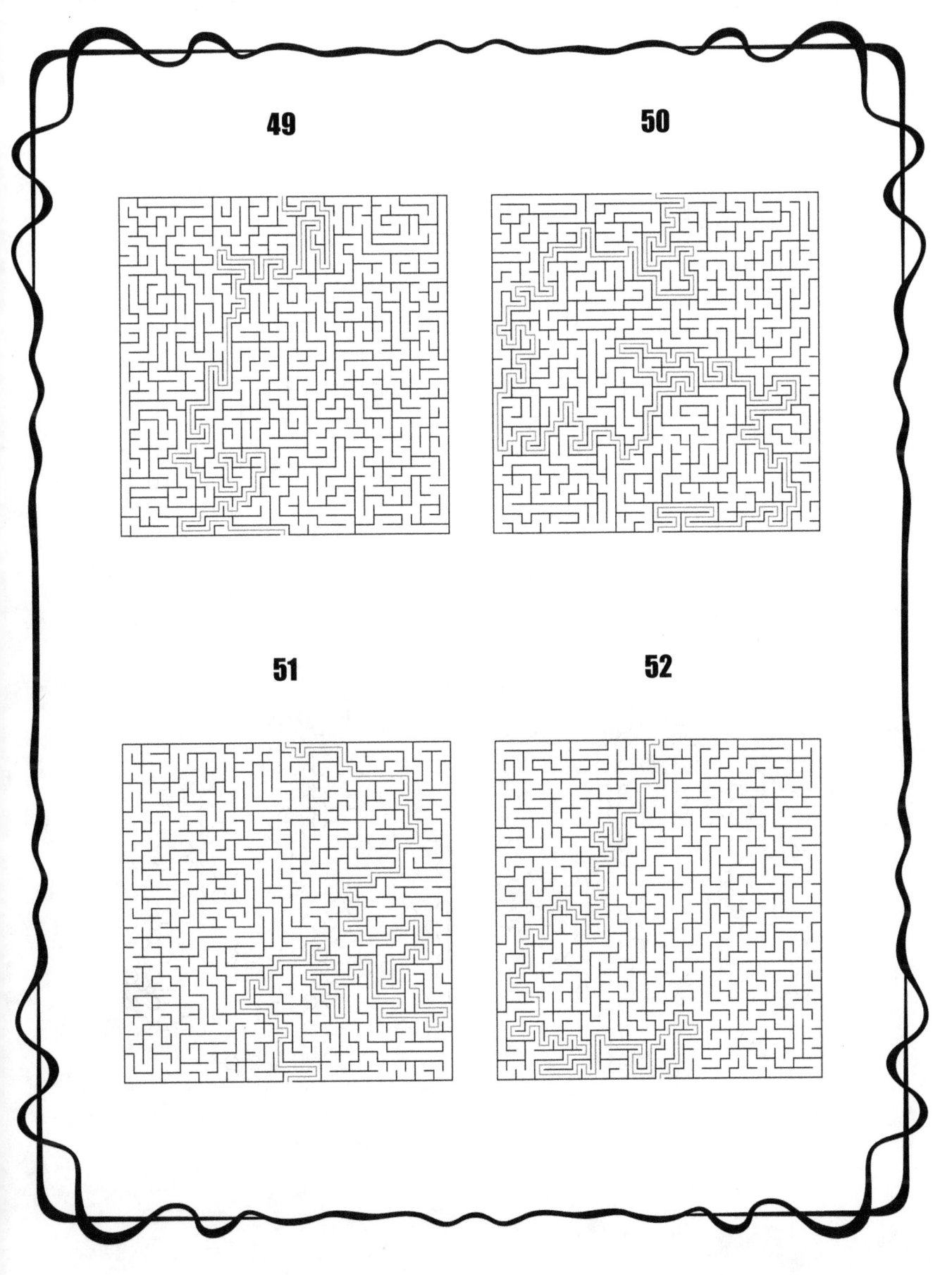

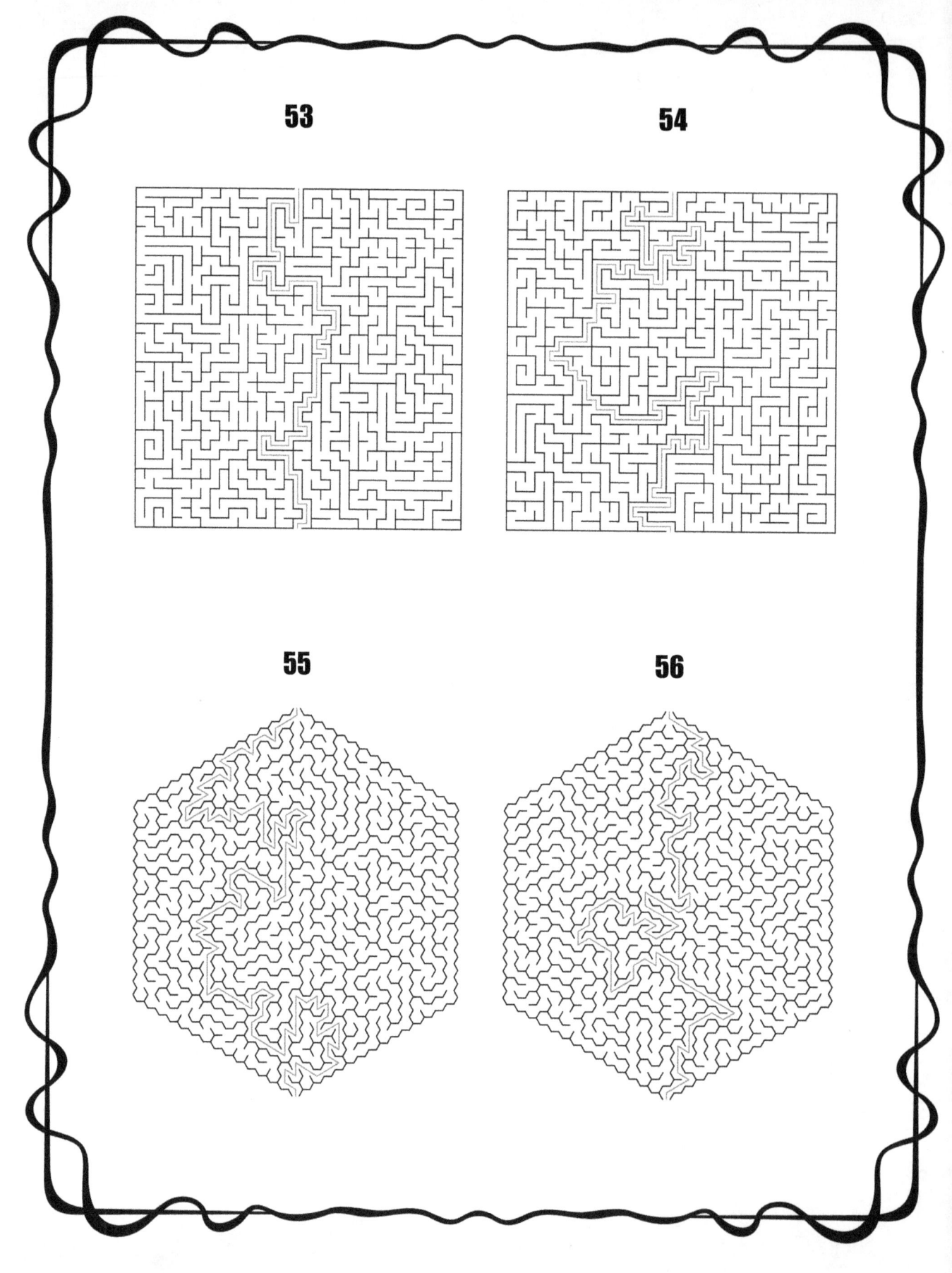

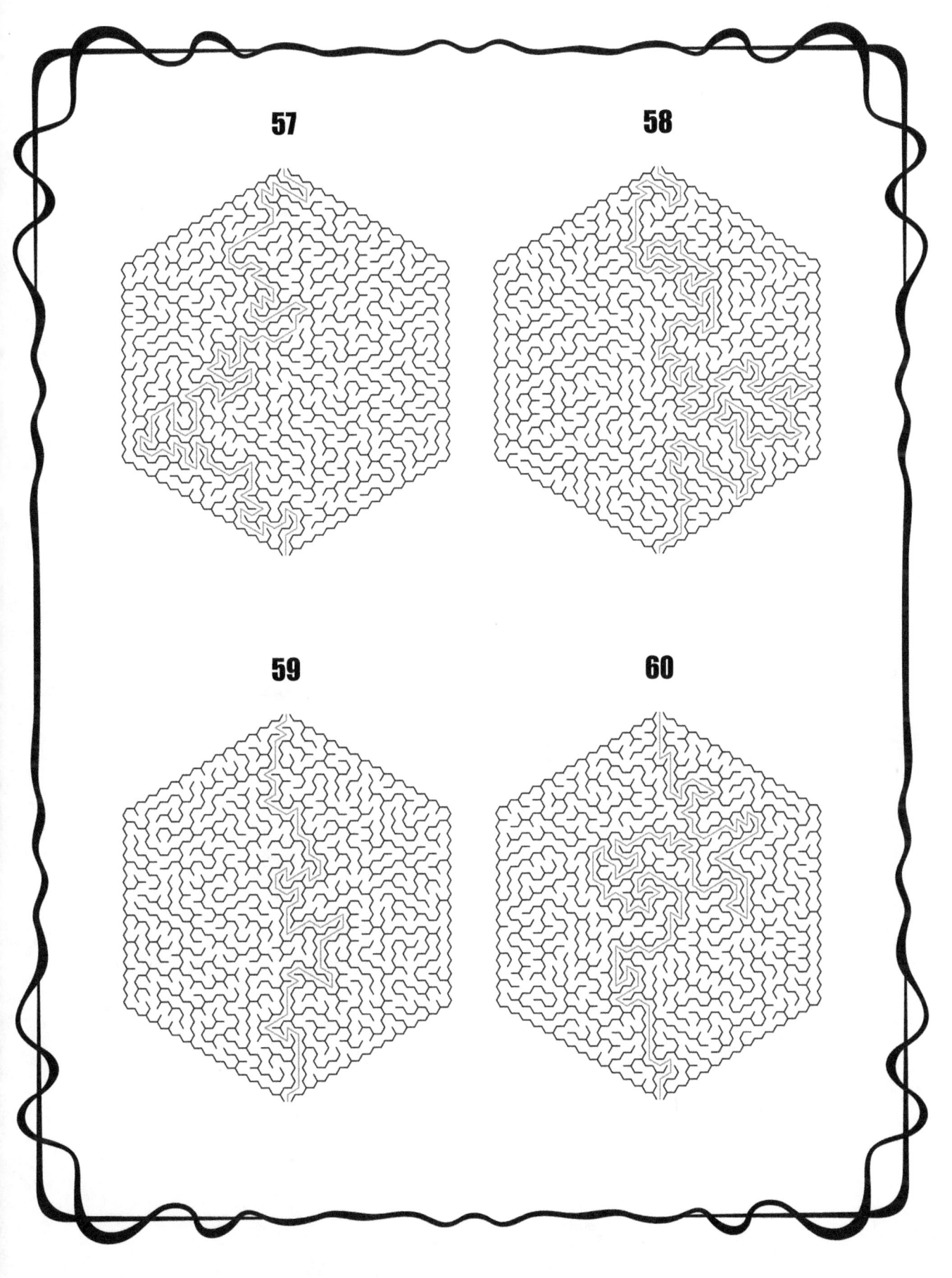

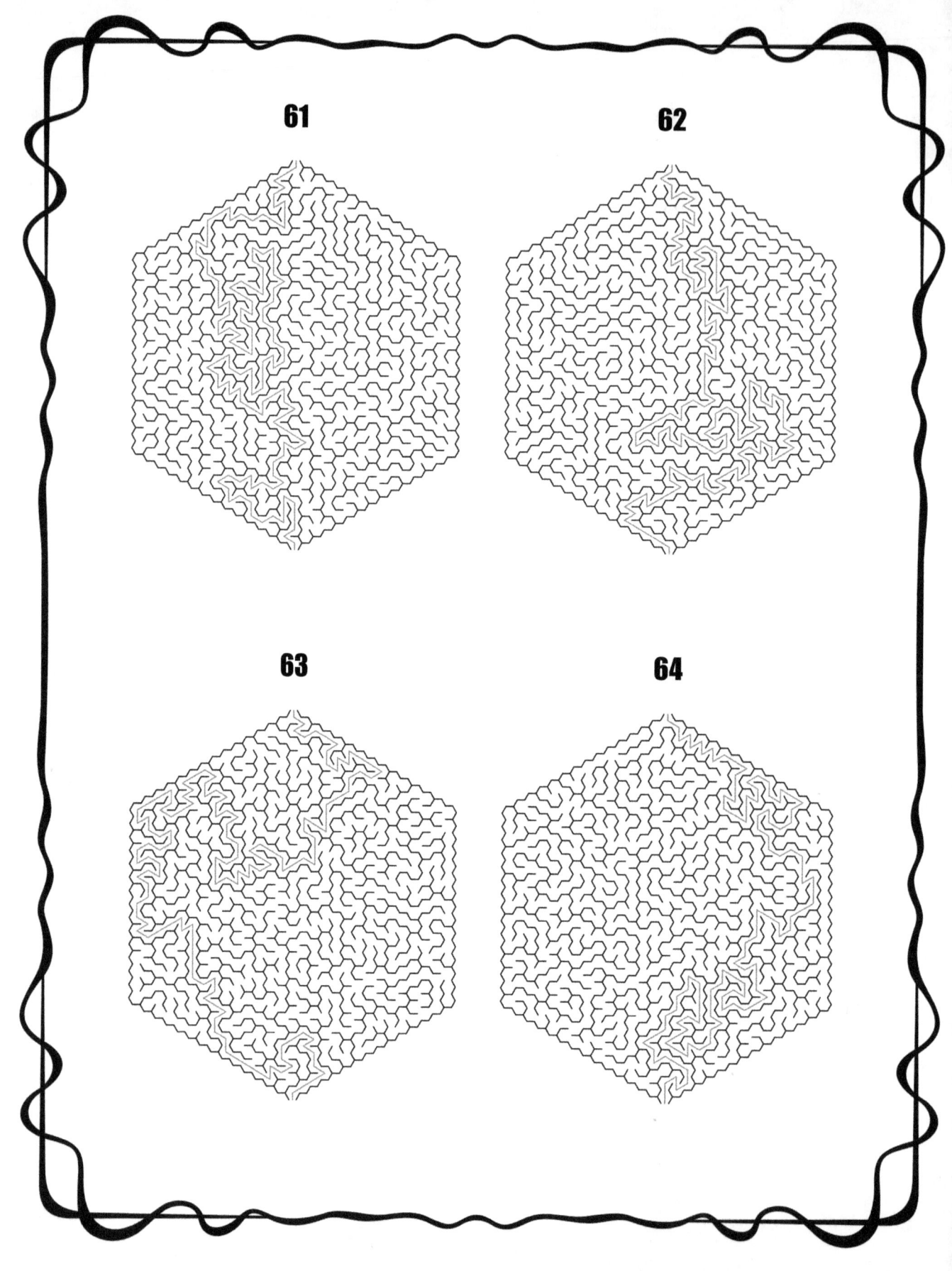

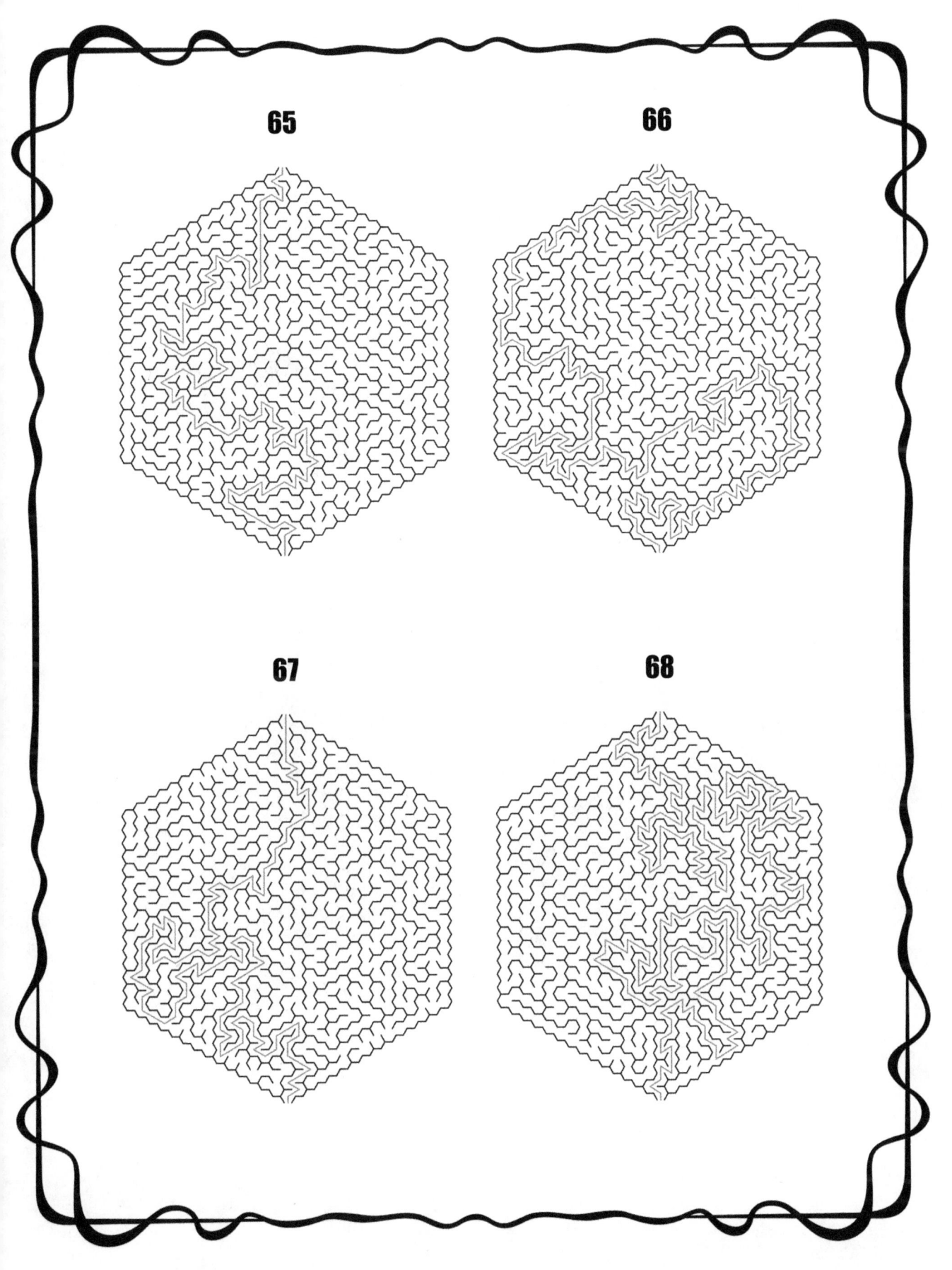

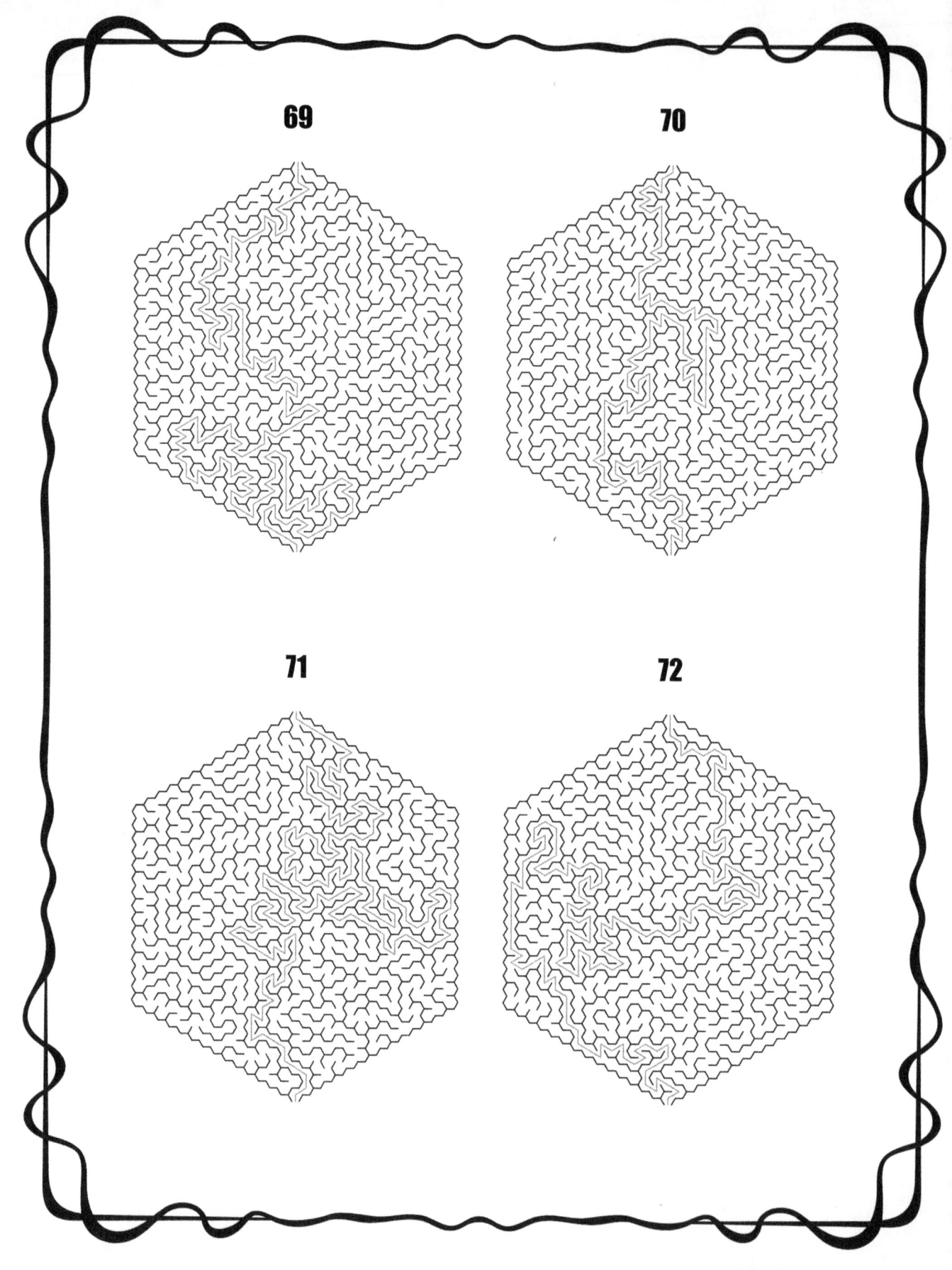

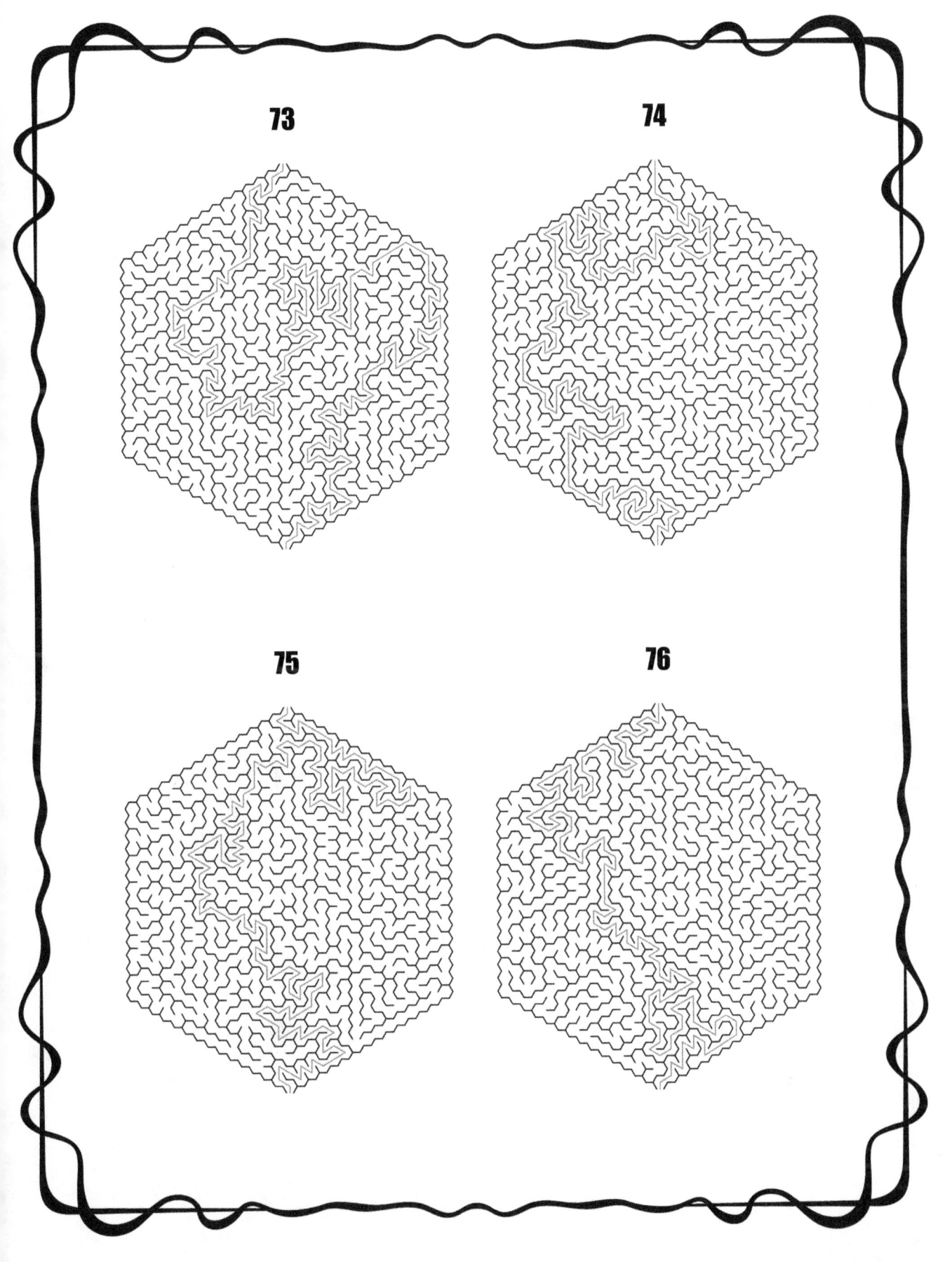

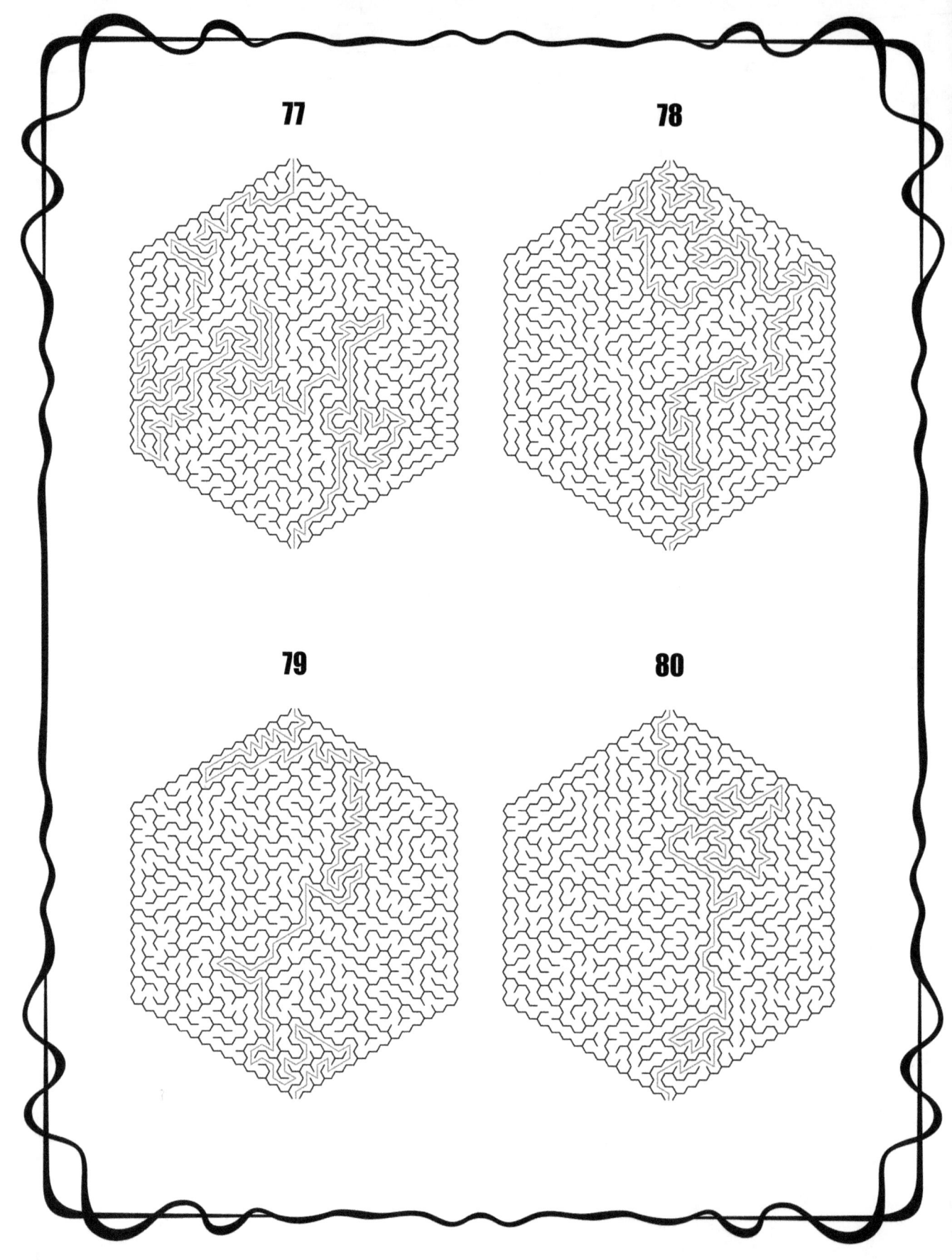

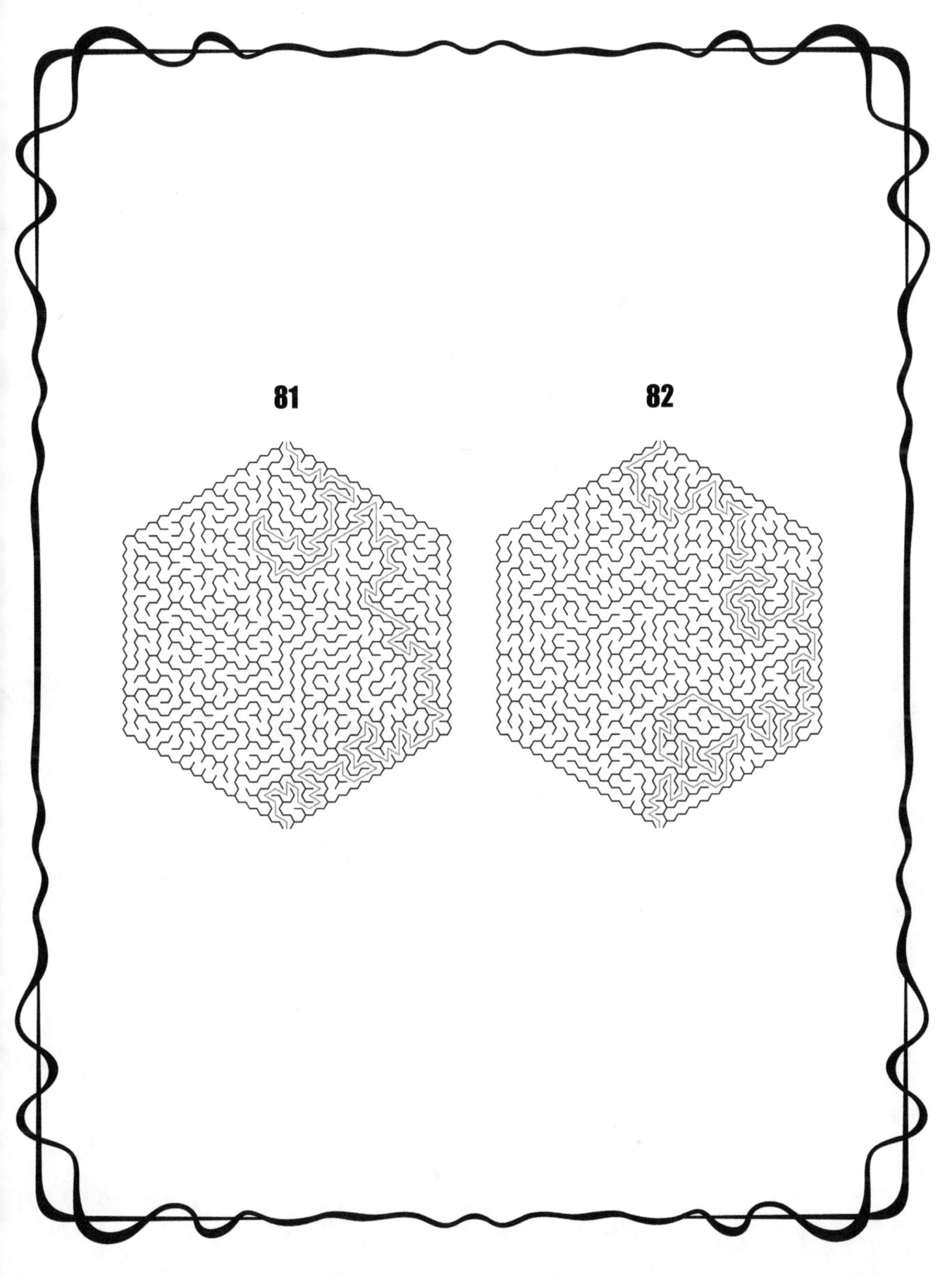

www.ingramcontent.com/pod-product-compliance
Lightning Source LLC
Chambersburg PA
CBHW081338090426
42737CB00017B/3203